KEEPAHEAD PRESS
ARCHITECTURAL THEORY SERIES

The series offers texts that are significant for an understanding of the history of architecture but that are presently out of print or not available in English translations.

1. Heinrich Wölfflin, *Prolegomenon to a Psychology of Architecture* (1886). German text, and English translation by Michael Selzer. Paperback $12.50.

2. August Thiersch, *Proportion in Architecture* (1883) AND: Heinrich Wölfflin, *A Theory of Proportion* (1889). Illustrations from the original editions. English translations by Michael Selzer. Paperback $12.50.

3. Roland Freart, sieur de Chambray, *A Parallel of the Ancient Architecture with the Modern in a Collection of Ten Principal Authors who have written upon the Five Orders;* WITH: John Evelyn, *An Account of Architects and Architecture in an Historical and Etymological Explanation of Certain Terms Affected by Architects;* AND WITH: Leon Battista Alberti, *Treatise of Statues* (translations by John Evelyn). Paperback $17.50.

Also by Michael Selzer from KeepAhead Press

Symmetry Fallacies (2018)
(earlier editions under the title of *The Symmetry Norm
and the Asymmetric Universe)*

Footnotes from a Bookseller's Life (2015)

Renewing the Fear, A Jew goes to Berlin (2nd ed. 2015)

Snuffing up the Wind. Theomonarchism in the Biblical Text (2014)

Rochefoucauld's Maxims

François VI, Duc de La Rochefoucauld (1613-1680)

Rochefoucauld's Maxims

French text

from the edition of 1665

&

English translation

by Michael Selzer

KeepAheadPress
Colorado Springs
2018

First Edition

ISBN-10: 1722674644
ISBN-13: 978-1722674649

2 3 4 5 6 7 8 9 10

Correspondence and Orders to
KeepAheadPress@ProtonMail.com

KeepAhead Press
Colorado Springs CO
USA

FOR ALMA
"something to chew on, dear"

Translator's Foreword

It is a book to which there is no bottom or end. For with every month that one lives, with every accession to one's knowledge, both of oneself and of others, it means something more. For La Rochefoucauld knew almost everything about the human soul, so that practically every discovery one can make oneself, as one advances through life, has been anticipated by him and formulated in the briefest and most elegant phrases. ... [M]an in his social relationships has never been more accurately described, and his motives never more delicately analysed than by La Rochefoucauld. The aphorisms vary considerably in value; but the best of them — and their number is surprisingly large — are astonishingly profound and pregnant. They resume a vast experience. In a sentence La Rochefoucauld compresses as much material as would serve a novelist for a long story.

– Aldous Huxley, *Along the Road*

Over the past two centuries numerous academics have focused their attention on the person and careers of François VI, Duc de La Rochefoucauld (1613-1680), who is best known and loved as the author of *The Maxims,* or more formally, the *Reflexions ou Sentences et Maximes Morales,* which first appeared in 1665. These academics have discussed the literary and philosophical sources of Rochefoucauld's classic work; have expatiated on the numerous etymological problems they have found in it; have challenged this or that assertion by him; have fitted the work into the somewhat colorful contexts of Rochefoucauld's life and the social, cultural psychological, not to say sexual, currents of his day; and have traced his influence on the subsequent intellectual and cultural history of the West.[1]

Yet the labor, it seems, is not yet done. "He is not studied", complains to our surprise the Oxford author of a very studious study of Rochefoucauld, who addresses such questions as Rochefoucauld's "possible connections" with Hobbes, Pascal, or Montaigne, and whether he is a forerunner of Bentham.[2] But far from being satisfied with these accomplishments he dwells on what has not yet been done, for example: "The author's deliberate actions with regard to his text must be accounted for", and: "We must know where, and what, he has altered, published, withdrawn from publication."

"*Must*"?

I beg to differ; indeed, to propose that we not only *need not* but even *must not* spend ourselves on accounting for such things. They fit into the purview of the man who lacks the intellectual, aesthetic and perhaps moral substance – not to mention the wit - to read and ponder the *Maxims* for what they are; and who, instead of finding endless delight and illumination in these resplendent gems, engages himself in the feeble concoctions, the self-congratulatory constructs, of the modern academic: and who thus misses the entire point! Already a century before Rochefoucauld, Montaigne ("On Solitude") had the measure of such a man: "… a sniveling, bleareyed, dirty fellow whom you see coming out of his study after midnight, do you think he is seeking among his books how to become a better man, wiser and more content? No such thing. He will die at it, or he will teach posterity the meter of Plautus' verse and the true orthography of some Latin word."

You can be certain that it was not in search of those "must be accounted for" things that, for three centuries, Rochefoucauld's wit delighted, instructed, and adorned the speech and writing of civilized men and women throughout the

---

[1] JSTOR records that 8117 academic articles and 1167 books with "Rochefoucauld" in the title have been published since about 1830 (an average of about 50 a year); almost certainly most of these refer to our author.

[2] W. G. Moore, *La Rochefoucauld His Mind and Art* (1969), p.1.

Western world. His reach was extraordinary. How many other writers, after all, are quoted admiringly, not only by Voltaire, or Dr. Johnson, or Nietzsche, or Aldous Huxley, but by another and perhaps no less penetrating and sardonic observer of human behavior, Mr. Sherlock Holmes himself, whom we find in the sixth chapter of *The Sign of Four* reminding Dr. Watson of maxim 451?

Yet beyond the small and still contracting circle of academics, whom almost no one deigns to notice, both Rochefoucauld and his work are ignored and just about forgotten. "Why the f*** would anyone want to read this?", my (at the time) agent at William Morris asked a number of years ago when I showed him an earlier version of this translation. The literary editor at Random House to whom he reluctantly sent me asked the same question, albeit a little more politely. It was of course futile to respond, as I did, that the *Maxims* are a notable part of the heritage of Western civilization. Even then that was tantamount to saying that it was merely another relic of a dead white male author which was no longer "relevant" (!) and which there was no longer any reason to preserve.

Rochefoucauld's fate today is of course only a tiny manifestation of what is happening to civilization in our world. Perhaps nothing indicates that as clearly as a report that there are today only four American universities that require students who major in English literature to read so much as *a single* Shakespeare play![3] The report does not seem to have aroused much concern anywhere.

We cannot be surprised, accordingly, that there is no longer any inclination to enjoy or even merely to be aware of Rochefoucauld and his *Maxims*.

O tempora! O mores!

That being so, one may well ask what I expect to be the result of offering this new translation of the *Maxims* to the public? ("I mean, like, why bother, man?") The answer is assuredly not that I cherish any illusion that the translation will reverse, even in the very most slight degree, the cultural decay

---

[3] "Skipping Shakespeare", *Washington Post,* Apr. 23, 2015.

of our times, and which one must suppose is irreversible. Rather, it is that I undertook this project in the expectation that it would allow me to enjoy a brief and delightful respite *from* our times:

Du holde Kunst ... hast mich in eine beßre Welt entrückt.

And to those who may be tempted to suggest, in all kindness, that there are more useful ways in which I might have spent my time, I would respond by reminding them of Spengler's admiration for that unknown Roman soldier at Pompei whose petrified body was found at the guard post he had refused to abandon when the ashes began to rain down. "That is greatness!" Spengler had exclaimed. "That is what it means to be a thoroughbred!"

As the devastating ash that is destroying Western civilization falls upon us, I too choose to respond with a futile (albeit not at all heroic!) gesture – this translation.

I would also mention that in attempting to clarify numerous ambiguities in the French text I have repeatedly consulted, though not always to my satisfaction, two earlier translations, by Willis Bund and Friswell (new ed. 1898) and by Warner and Douard (2001). The earlier work commended itself to me in part for an extrinsic reason, Willis Bund being an ancestor of the Rev. Frank L. McCarthy Willis Bund, Dean of Balliol and my moral tutor when I was an undergraduate there. He was an austere and imposing figure, yet in his discrete way very kind and understanding, and I have always been grateful for the part that he played in my life during those college years.

Michael Selzer
Colorado Springs
July 2018

I

Ce que nous prenons pour des vertus n'est souvent qu'un assemblage de diverses intérêts, que la fortune ou notre industrie savent arranger; et ce n'est pas toujours par valeur et par chasteté que les hommes sont vaillants, et que les femmes sont chastes.

II

L'amour-propre est le plus grand de tous les flatteurs.

III

Quelque découverte quel'on ait faite dans le pays de l'amour-propre, il y rest encore bien des terres inconnues.

IV

L'amour propre est plus habile que le plus habile homme du monde.

V

La dureé de nos passions ne dépend pas plus de nous, que la durée de notre vie.

VI

La passion fait souvent un fou du plus habile homme, et rend souvent les plus sots habiles.

VII

Ces grandes et éclatantes actions qui éblouissent les yeux, sont représentées par les politiques commes les effets des grands desseins, au lieu que ce sont d'ordinaire les effets de l'humeur et des passions. Ainsi la guerre d'Auguste et d'Antoine, qu'on rapporte à l'ambition qu'ils avoient de se rendre maître du monde, n'ètoit peut-être qu'un effet de jalousie.

I

What we regard as virtues are often nothing more than a collection of various interests that have been arranged by Fate or by our own efforts; and it is not always as a result of bravery or chastity that men are brave and that women are chaste.

II

Self-love is the greatest of all flatterers.

III

No matter how many discoveries one may have made in the land of self-love, there still remain some unexplored territories.

IV

Self-love is more cunning than the most cunning man in the world.

V

We no more control the duration of our emotions than the duration of our lives.

VI

Emotion often makes a fool of the cleverest man and often makes the biggest fool clever.

VII

Those great and brilliant actions that dazzle the eye are portrayed by politicians as the outcome of bold plans, but they are in fact usually the result of temper and emotion. Thus the war between Augustus and Antony, which is attributed to the ambition each had to make himself master of the world, was perhaps merely a product of jealousy.

VIII

Les passions sont les seuls orateurs qui persuadent toujours.
Elles sont comme un art de la nature, don't les règles sont
infaillibles; et l'homme le plus simple, qui a de la passion,
persuade mieux que le plus éloquent qui n'en a point.

IX

Les passions ont une injustice et un propre intérêt, qui fait qu'il
est dangereux de les suivre, et qu'on s'en doit défier, lors même
qu'elles paroissent les plus raisonables.

X

Il y'a dans le coeur humain une génération perpétuelle de
passions, en sorte que la ruine de l'une est presque toujours
l'établissement d'une autre.

XI

Les passions en engendrent souvent qui leur sont contraires;
l'avarice produit quelquefois la prodigalité, et la prodigalité
l'avarice; on est souvent ferme par foiblesse, et audacieux par
timidité.

XII

Quelque soin que l'on prenne de couvrir ses passions par des
apparences de pieté et d'honneur, elles paroissent toujours au
travers de ces voiles.

XIII

Notre amour-propre souffre plaus impatiemment la condam-
nation de nos goûts que de nos opinions.

XIV

Les hommes ne sont pas seulement sujets à perdre le souvenir
des bienfaits et des injures; ils haïssent même ceux qui les ont
obligés, et cessent de haïr ceux qui leur ont fait des outrages.
L'application à récompenser le bien et à se venger du mal, leur
paroît une servitude à laquelle ils ont peine de se soumettre.

VIII

Emotions are the only orators that are always persuasive. They are like a type of Nature whose rules are infallible; and the simplest man who is driven by emotions is more persuasive than the most eloquent one who is not.

IX

Emotions have a certain injustice and self-interest that makes it dangerous to follow them, and one should mistrust them even in situations where they seem most reasonable.

X

In the human heart there is an unending generation of emotions, so that the destruction of one almost always results in the establishment of another.

XI

Emotions often give rise to their opposites: avarice sometimes leads to extravagance, and extravagance to avarice; we are frequently stubborn through weakness and audacious through timidity.

XII

No matter how careful we are to cover our emotions with the appearance of piety and honor, they are always visible behind those veils.

XIII

Our self-esteem is more affronted by the disparagement of our taste than by that of our opinion.

XIV

Men not only tend to lose their memory of kindnesses and injuries done to them, but even hate those who have rendered them a service and stop hating those who have harmed them. The necessity of rewarding good and avenging wrongs seems to them slavery, to which they are unwilling to submit.

XV

La clémence des princes n'est souvent qu'une politique pour gagner l'affection des peuple.

XVI

Cette clémence, don't on fait une vertu, se pratique, tantôt par vanité, quelquefois par paresse, souvent par crainte, et presque toujours par tous les trois ensemble.

XVII

La modération des personnes heureuses vient du calme que la bonne fortune donne à leur humeur.

XVIII

La modération est une crainte de tomber dans l'envie et dans le mépris que méritent ceux qui s'enivrent de leur bonheur; c'est une vaine ostentation de la force de notre esprit; et enfin la modération des hommes dans leur plus haute élévation, est un desir de paroître plus grand que leur fortune.

XIX

Nous avons tous assez de force pour supporter les maux d'atrui.

XX

La constance des sages n'est que l'art de renfermer leur agitation dans leur coeur.

XXI

Ceux qu'on condamne au supplice affectent quelquefois une constance et un mépris de la mort, qui n'est en effet que la crainte de l'envisager; de sorte qu'on peut dire que cette constance et ce mépris sont à leur esprit ce que le bandeau est à leurs yeux.

XXII

La philosophie triomphe aisé des maux passé et des maux à venir; mais les maux présents triomphent d'elle.

XV

The mercy of princes is often merely a tactic for winning the affection of the people.

XVI

Mercy, which people make into a virtue, often arises out of vanity, sometimes out of idleness, often out of fear, and almost always out of all three together.

XVII

The moderation of happy people stems from the calm that good fortune gives their spirits.

XVIII

Moderation is a fear of arousing the envy and contempt which those who are intoxicated with their good fortune deserve; it is a vain display of the power of our personality; and in brief, the moderation of men at their greatest height is a desire to seem greater than their fortune.

XIX

We all are strong enough to bear someone else's misfortunes.

XX

The even-temperedness of wise people stems from nothing more than their ability to hide the agitation in their hearts.

XXI

Those who have been condemned to death sometimes affect a calmness and a contempt for death which in effect are nothing more than the fear of confronting it; so that one could say that this calmness and this contempt are to their feelings what a blindfold is to their eyes.

XXII

Philosophy triumphs easily over past ills and over ills to come; but present ills triumph over it.

XXIII

Peu de gens connoissent la mort; on ne la souffre pas ordinairement par résolution, mais par stupidité et par coutume; et la plupart des hommes meurent, parcequ'on ne peut s'empêcher de mourir.

XXIV

Lorsque les grands hommes se laissent abbatre par la longueur de leur infortunes, ils font voir qu'ils ne les soutenoient que par la force de leur ambition, et non par celle de leur ame; et qu'a une grande vanité près, les héros sont faits comme les autres hommes.

XXV

Il faut de plus grandes vertus pour soutenir la bonne fortune que la mauvaise.

XXVI

Le soleil ni la mort ne se peuvent regarder fixement.

XXVII

On fait souvent vanité des passions, même les plus criminells; mais l'envie est une passion timide et honteuse que l'on n'ose jamais avouer.

XXVIII

La jalousie est, en quelque manière, just et raisonable, puisqu'elle ne tend qu'à conserver un bien qui nous appartient ou que nous croyons nous appartenir: au lieu que l'envie est une fureur qui ne peut souffrir le bien des autres.

XXIX

Le mal que nous faison ne nous attire pas tant de persécution et de haine que nos bonnes qualités

XXIII

Few people are familiar with death; we do not ordinarily face it with resolve but with stupidity and with conventionality; and most men die for no better reason than that they cannot avoid dying.

XXIV

When great men allow themselves to be depressed by the prolonging of their misfortunes, they show that they were only sustained by the force of their ambition, and not by that of their mind: so that, excepting their great vanity, heroes are made like other men.

XXV

It requires greater strength of character to bear good than bad luck.

XXVI

We cannot stare unblinkingly either at the sun or at death.

XXVII

We are often proud of our passions, even of the vilest ones; but envy is a timid and shameful passion that no one ever dares to acknowledge.

XXVIII

Jealousy is in a certain sense both just and reasonable, for it aims at preserving a good that belongs to us or that we believe belongs to us; while envy, by contrast, is a fury that cannot tolerate the good fortune of other people.

XXIX

Our wicked deeds do not draw as much persecution and hatred upon us as our good qualities.

XXX

Nous avons plus de force que de volonté; et c'est souvent pour nous excuser à nousmême, que nous nous imaginons que les choses sont impossibles.

XXXI

Si nous n'avions point de défauts, nous ne prendrions pas tant de paisir à en remarquer dans les autres.

XXXII

La jalousie se nourrit dans les doutes; et elle devient fureur, ou elle finit, sitôt qu'on passe du doute à la certitude.

XXXIII

L'orgueil se dédommage toujours et ne perd rien, lors même qu'il renonce à la vanité.

XXXIV

Si nous n'avions point d'orgueil, nous ne nous plaindrions pas de celui des autres.

XXXV

L'orgueil est égal dans tous les hommes, et il n'y a de différence qu'aux moyens et à la manière de le mettre au jour.

XXXVI

Il semble que la nature, qui si sagement disposé les organs de notre corps pour nous rendre hereux, nous ait aussi donné l'orgueil pour nous épargner la douleur de connoître nos imperfections.

XXXVII

L'orgueil a plus de part que la bonté au remonstrances que nous faisons à ceux qui commettent des fautes, et nous ne les reprenons pas tant pour les en corriger, que pour leur persuader que nous en sommes exempts.

XXX

We have more ability than determination; and it is often merely to excuse ourselves, to ourselves, that we imagine that certain things are impossible.

XXXI

If we had no faults we would not take so much pleasure in pointing out those of others.

XXXII

Jealousy nourishes itself on uncertainty; and gives way to fury, or else ends, as soon as it passes from doubt to certainty.

XXXIII

Pride always compensates itself and loses nothing even when it renounces vanity.

XXXIV

If we had no pride at all we would not complain about that of others.

XXXV

Pride is much the same in all people, the only difference being in the ways and in the means by which it expresses itself.

XXXVI

It would seem that nature, which has so cleverly arranged our bodily organs in order to make us happy, has also given us pride with which to spare us the unhappiness of knowing our imperfections.

XXXVII

Pride plays a larger role than goodness when we criticize someone who has committed a fault, and we do not reprove them in order to correct them but to persuade them that we ourselves are free from faults.

XXXVIII

Nous promettons selon nos espérances, et nous tenons selon nos craintes.

XXXIX

L'intérêt parle toutes sortes de langues, et joue toutes sortes de personnages, même celui de désintéressé.

XL

L'intérêt qui aveugle les uns, fait la lumière des autres.

XLI

Ceux qui s'appliquent trop aux petites choses deviennent ordinairement incapables des grandes.

XLII

Nous n'avons pas assez de force pour suivre toute notre raison.

XLIII

L'homme croit souvent se conduire lorsqu'il est conduit; et pendant que, par son esprit, il tend à un but, son coeur l'entraîne insensiblement à un autre.

XLIV

La force et la foiblesse de l'esprit sont mal nommè; elles ne sont en effet que la bonne ou la mauvaise disposition des organes du corps.

XLV

Le caprice de notre humeur est encore plus bizarre que celui de la fortune.

XLVI

L'attachement ou l'indifférence que les philosophes avoient pour la vie n'étoient qu'un goût de leur amour-propre, don't on ne doit non plus disputer que de goût de la langue ou du choix des couleurs.

XXXVIII

We promise according to our hopes, and we act according to our fears.

XXXIX

Interest speaks all sorts of languages and acts all sorts of roles, including that of indifference.

XL

Interest, which blinds some, enlightens others.

XLI

Those who apply themselves excessively to trivial things usually become incapable of great ones.

XLII

We lack enough strength to obey all our reasoning.

XLIII

A man often believes that he is the leader when in fact he is being led; and when his mind leads him toward one goal his heart insensibly sweeps him toward another.

XLIV

Mental strength and weakness are misnomers, for they are in effect nothing but the good or ill dispositions of our bodily organs.

XLV

The capriciousness of our moods is even stranger than that of Fate.

XLVI

Philosophers' attachment or indifference to life is nothing more than an expression of their self-love, about which one can no more argue than one can about the taste of food or the choice of colors.

XLVII

Notre humeur met le prix à tout ce qui nous vient de la fortune.

XLVIII

La félicité est dans le goût, et non pas dans les choses; et c'est par avoir ce qu'on aime qu'on est heureux, et non par avoir ce que les autres trouvent aimable.

XLIX

On n'est jamais si heureux ni si malheureux qu'on s'imagine.

L

Ceux qui croient avoir du mérite se font un honneur d'être malheureux, pour persuader aux autres et à eux-même qu'ils sont dignes d'être en butte à la fortune.

LI

Rien ne doit tant diminuer la satisfaction que nous avons de nous-mêmes, que de voir que nous désapprouvons dans un temps ce que nous approuvions dans un autre.

LII

Quelques différences qui paroisse entre les fortunes, il y a néanmoins une certaine compensation de biens et de maux, qui les rend égales.

LIII

Quelques grands avantages que la nature donne, ce n'est pas elle seule, mais la fortune avec elle qui fait les héros.

LIV

Le mépris des richesses étois, dans les philosophes, un desir caché de venger leur mérite de l'injustice de la fortune, par le mépris des mêmes biens dont elle les privoit; c'étoit un secret pour se garantir de l'avilissement de la pauvreté; c'étoit un chemin détourné pour aller à la considération qu'ils ne pouvant pas leur avois par les richesses.

XLVII

Our temperament sets the price of everything Fate sends us.

XLVIII

Happiness does not lie in things themselves but in our taste of them; and it is by having what pleases us, and not by having what others find pleasing, that we become happy.

XLIX

We are never as happy nor as unhappy as we imagine.

L

Those who think they are superior pretend it is an honor to be unhappy, so they can persuade others as well as themselves that they are worthy to be the butt of Fate.

LI

Nothing should diminish our self-satisfaction more than to recognize that what we disapprove of at one time we approve of at another.

LII

No matter how different our fates may seem to be, there is nevertheless a certain balancing of good and evil that makes them equal.

LIII

Whatever great advantages nature may give, it is not she alone but Fate with her that makes heroes.

LIV

The philosophers' disdain for wealth was a hidden desire to avenge their merit against the injustice of Fate, by disdaining the very goods of which she had deprived them; it was a secret way to safeguard themselves from the degradation of poverty; it was a roundabout way of attaining the distinction that they could not have by wealth.

LV

La haine pour les favoris n'est autre chose que l'amour de la faveur, Le dépit de ne la pas posséder se console et s'adoucit par le mépris que l'on témoigne de ceux qui la possèdent; et nous leur refusons nos hommages, ne pouvant pas leur ôter ce qui leur attire ceux de tout le mond.

LVI

Pour s'établir dans le mond, on fait tout ce que l'on peut pour y paroître établi.

LVII

Quoique les hommes se flattent de leurs grandes actions, elles ne sont pas souvent les effets d'un grand dessein, mais les effets du hasard.

LVIII

Il semble que nos actions aient de étoiles heureuses ou malheureuse, à qui elles doivent une grande parties de la louange et du blâme qu'on leur donne.

LIX

Il n'y a point d'accidents si malheureux dont les habiles gens ne tirent quelque avantage, ni de si heureux que les imprudents ne puissent tourner à leur préjudice.

LX

La fortune tourne tout à l'avantage de ceux qu'elle favorise.

LXI

Le bonheur et le malheur des hommes ne dépend pas moins de leur humeur que de la fortune.

LXII

Le sincérité est une ouverture de coeur. On la trouve en fort peu de gens; et celle que l'on voit d'ordinaire n'est qu'une fine dissimulation pout attirer la confiance des autres.

LV

Hatred of favorites is nothing other than love of favoritism. The contempt it manifests for those who enjoy it consoles, and mitigates the envy of, those who do not enjoy it; and we refuse them our homage, being unable as we are to deprive them of what makes them attractive to everyone else.

LVI

To establish ourselves in the world we do everything we can to appear established.

LVII

Although men flatter themselves about the greatness of their deeds, these are often not the result of great plans but the result of chance.

LVIII

It would seem that our actions have lucky or unlucky stars, which deserve a large part of the praise or the blame that are given them.

LIX

No chance event is so calamitous that a clever man cannot derive some benefit from it, nor so opportune that a fool will not turn it to his disadvantage.

LX

Fate turns everything to the advantage of those she favors.

LXI

The happiness or unhappiness of men depends no less on their disposition than on Fate.

LXII

Sincerity is an openness of the heart. One finds it in very few people; and what one usually sees is nothing but a cunning pretense aimed at winning the confidence of others.

LXIII

L'aversion du mensonge est souvent une imperceptible ambition de rendre nos témoignages considérable, et d'attirer à nos paroles un respect de religion.

LXIV

Le vérité ne fait pas tant de bien dans le monde, que ses apparences y font de mal.

LXV

Il n'y a point d'éloges qu'on ne donne à la prudence; cependant elle ne sauroit nous assurer du moindre évènement.

LXVI

Un habile homme doit régler le rang de ses intérêts, et les conduire chacun dans son ordre. Notre avidité le trouble souvent, en nous faisant courir à tant de choses à-la-fois, que pour desirer trop les moins importantes, on manque les plus considérables.

LXVII

La bonne grace est au corps ce que le bon sens est à l'esprit.

LXVIII

Il est difficile de définir l'amour; ce qu'on en peut dire est que, dans l'ame, c'est une passion de régner; dans le esprits, c'est une sympathie; et dans le corps, ce n'est qu'une envie cachée et delicate de posséder ce que l'on aime, après beaucoups de mystères.

LXIX

S'il y a un amour pur et exempt de mélange de nos autres passions, c'est celui qui est caché au fond du coeur, et que nous ignorons nous mêmes.

LXX

Il n'y a point de déguisement qui puisse long-temps cacher l'amour où il est, ni le feindre où il n'est pas.

LXIII

Aversion to lying is often a concealed ambition to make our remarks seem notable, and to give our words a pious respectability.

LXIV

Truth does not do so much good in the world as the pretense of it does harm.

LXV

There is no word of praise that has not been bestowed on Prudence; yet she cannot guarantee us even the most trivial outcome.

LXVI

A clever man ought to rank his interests, and pursue each in its proper order. Our eagerness often gets in the way, and makes us run after so many things at once that, by too eagerly pursuing the less important, we fail to attain the more significant ones.

LXVII

Gracefulness is to the body what good sense is to the mind.

LXVIII

It is difficult to define love; what we can say is that in the soul it is a yearning to dominate; that in the mind, it is a sympathy; and that in the body it is nothing else than a hidden and delicate longing to possess that which we love after many mysteries.

LXIX

If there is a love that is pure and detached from the mix of our other passions, it is that which is concealed in the depths of the heart and of which we ourselves are unaware

LXX

No disguise can for long conceal love where it exists or feign it where it does not.

LXXI

Il n'y a guère de gens qui ne soient honteux de s'être aimés, quand ils ne s'aiment plus.

LXXII

So on juge l'amour par la plupart de ses effets, il ressemble plus à la baine qu' à l'amitié.

LXXIII

On peut trouver des femmes qui n'ont jamais eu de galanterie; mais il est rare d'en trouver qui n'en aient jamais eu qu'une.

LXXIV

Il n'y a que d'une sorte d'amour, mais il y en a mille différentes copies.

LXXV

L'amour, aussi bien que le feu, ne peut subsister sans un mouvement continuel; et il cesse de vivre dès qu'il cesse d'espérer ou de craindre.

LXXVI

Il est du véritable amour comme de l'apparition des esprits: tout le monde en parle, mais peu de gens en ont vu.

LXXVII

L'amour prête son nom à un nombre infine de commerces qu'on lui attribue, et où il n'a non plus de part que le Doge à ce qui se fait à Venise.

LXXVIII

L'amour de la justice n'est, en la plupart des hommes, que le crainte de soffrir l'injustice.

LXXIX

Le silence est le parti le plus sûr pour celui qui se défie de soi-même.

LXXI

Few people are not ashamed to be loved when they themselves no longer love.

LXXII

Love, to judge by most of its effects, resembles hatred more than friendship.

LXXIII

One may find women who have never had a love affair, but it is rare to find any who have only had one.

LXXIV

There is only one sort of love but there are a thousand different copies.

LXXV

Love, just like fire, cannot survive unless it is constantly in motion, and it ceases to exist when it ceases to hope or to fear.

LXXVI

It holds for true love just as for ghosts: everyone talks about them but few people have ever seen them.

LXXVII

Love lends its name to an infinite number of interactions that people attribute to it, but it has as little to do with them as the Doge has with everything that goes on in Venice.

LXXVIII

The love of justice, for most men, is nothing more than the fear of suffering injustice.

LXXIX

Silence is the safest path for someone who mistrusts himself.

LXXX

Ce qui nous rend si changeants dans nos amitiés c'est qu'il est difficile de connoître les qualités de l'ame, et facile de connoître celles de l'esprit.

LXXXI

Nous ne pouvons rien aimer que par rapport à nous, et nous ne faisons que suivre notre goût et notre plaisir, quand nos préférons nos amis à nous-mêmes; c'est néanmoins par cette préférence seule que l'amitié peut être vrai et parfaite.

LXXXII

La réconciliation avec nos enemies n'est qu'un desir de rendre notre condition meilleure, une lassitude de la guerre, et une crainte de quelque mauvais évenement.

LXXXIII

Ce que les hommes ont nommé amitié n'est qu'une société, qu'un ménagement réciproque des intérêts, et qu'un échange de bons offices; ce n'est enfin qu'un commerce oû l'amour-propre se propose toujours quelque chose à gagner.

LXXXIV

Il est plus honteux de se défier de ses amis, que d'en être trompé.

LXXXV

Nous nous persuadons souvent d'aimer les gen plus puissants que nous, et néanmoins c'est lintéret seul qui produit notre amitié; nous ne nous donnons pas à eux pour le bien qui nous leur voulons faire, mais pour celui que nous en voulons recevoir.

LXXXVI

Notre défiance justifie la tromperie d'autrui.

LXXXVII

Les hommes ne vivroient pas long-temps en société s'ils n'étoient les dupes les uns des autres.

LXXX

What makes us so changeable in our friendships is that it is difficult to know the qualities of the soul and easy to know those of the mind.

LXXXI

We can love nothing but that which agrees with us, and we cannot pursue our inclinations and our pleasures when we prefer our friends to ourselves; nevertheless, it is only by that preference that friendship can be true and perfect.

LXXXII

Reconciliation with our enemies is merely a desire to improve our own condition, a weariness with fighting, and a fear of some unfortunate occurrence.

LXXXIII

What men call friendship is merely a relationship, merely an arrangement of reciprocal interests, and an exchange of favors; it is in essence nothing but a transaction in which self-love always expects to gain something.

LXXXIV

It is more shameful to distrust one's friends than to be betrayed by them.

LXXXV

We often persuade ourselves to love people who are more powerful than we, yet it is interest alone that produces our friendship; we do not give ourselves to others for the good we wish to do them but for that which we wish to receive.

LXXXVI

Our mistrust of others justifies their deceitfulness.

LXXXVII

Men would not live long in society were they not the dupes of each other.

LXXXVIII

L'amour-propre nous augmente ou nous diminue les bonnes qualités de nos amis, à proportions de la satisfaction que nous avons d'eux, et nous jugeons de leur mérite par la manière don't ils vivent avec nous.

LXXXIX

Tout le monde se plaint de sa mémoire et personne ne se plaint de son jugement.

XC

Nous plaisons plus souvent dans le commerce de la vie par nos défauts que par nos bonnes qualités.

XCI

Le plus grand ambition n'en a pas la moindre apparence, lorsqu'elle se recontre dans un impossibilité absolue d'arriver oû elle aspire.

XCII

Détromper un homme préoccupé de son mérite est lui rendre un aussi mauvais office que celui que l'on rendit a ce fou d'Athènes qui croyoit que tous les vaisseau qui arrivoient dans le port étoitent à lui.

XCIII

Les vieillards donner des bons précepts pour se consoler de n'être plus en état de donner mauvais examples.

XCIV

Les grands noms abaissent, au lieu d'élever ceux qui ne les savent pas soutenir.

XCV

La marque d'un mérite exraordinaire est de voir que ceux qui l'envient le plus sont contraints de ce louer.

LXXXVIII

Self-love enhances for us or diminishes for us the good qualities of our friends, in proportion to the satisfaction we feel with them, and we judge their merit by the way in which they are with us.

LXXXIX

Everyone complains about their memory and no one compains about their judgement.

XC

In our exchanges with others we often please more by our faults than by our good qualities.

XCI

The boldest ambition never appears as such when it encounters the absolute impossibility of reaching the goal to which it aspires.

XCII

To disillusion a man obsessed with his own merit is to do him as great a disservice as was done to the Athenian lunatic who believed that all the ships arriving in the harbor belonged to him.

XCIII

Old men give good advice to console themselves for no longer being able to set bad examples.

XCIV

Great names abase rather than elevate those who do not know how to uphold them.

XCV

The mark of extraordinary merit is when those who most envy it feel obliged to praise it.

XCVI

*Tel homme est ingrat, qui est moins coupable de son ingratitude,
que celui qui lui a fait du bien.*

XCVII

*On s'est trompé lorsqu'un a cru que l'esprit et le jugement
étoient deux chose différentes: le jugement n'est que la grandeur
de la lumière pénètre le fond des choses; elle y remarque tout ce
qu'il faut remarquer, et aperçoit celles qui semblent
imperceptibles. Ainsi il faut demeurer d'accord que c'est
l'étendue de la lumière de l'esprit qui produit tous les effet qu'on
attribue au jugement.*

XCVIII

*Chacun dit du bien de son coeur, et personne n'en ose dire de son
esprit.*

XCIX

*La politesse de l'esprit consiste à penser des choses honnêtes et
délicates.*

C

*La galanterie de l'esprit est de dire des choses flatteuses d'une
manière agréable.*

CI

*Il arrive souvent que des choses se présentent plus achevées à
notre esprit, qu'il ne les pourroit faire avec beaucoup d'art.*

CII

L'esprit est toujours la dupe du coeur.

CIII

*Tous ceux qui connoissent leur esprit, ne conoissent pas leur
coeur.*

XCVI

An ingrate is less reprehensible for his ingratitude than the person who did him a favor.

XCVII

We are mistaken if we believe that mind and judgement are two different things: judgement is but the power of the light that penetrates to the essence of a matter; it takes note of all that is to be noted, and perceives that which seems to be imperceptible. Accordingly, we are bound to agree that it is the penetration of the mind's light that produces the effects that we attribute to judgement.

XCVIII

Everyone has good things to say about his heart but none dares to say anything about his brains.

XCIX

Politeness of mind consists of thinking about honest and refined matters.

C

Gallantry of the mind consists of making empty remarks in an agreeable manner.

CI

It often happens that ideas present themselves to our minds in a more finished form than if we had thought carefully about them.

CII

The head is ever the dupe of the heart.

CIII

All those who know their minds do not know their hearts.

CIV

Les hommes et les affaires ont leur point de perspective. Il y en a qu'il faut voir de près pour en bien juger, et d'autres dont en ne juge jamais si bien que quand on en est éloigné.

CV

Celui-là n'est pas raisonnable à qui le hasard fait trouver la raison; mais celui qui la connoît, qui la discerne, et qui la goûte.

CVI

Pour bien savoir les choses il en faut savoir le détail; et comme il est presque infini, nos connoissances sont toujours superficielles et imparfaites.

CVII

C'est une espèce de coquetterie de faire remarquer qu'on n'en fait jamais.

CVIII

L'esprit ne sauroit jouer long-temps le personnage du cœur.

CIX

La jeunesse change ces goûts par l'ardeur du sang, et la vieillesse conserve les siens par l'accoutumance.

CX

On ne donne rien si libéralement que ces conseils.

CXI

Plus en aime une maitresse, plus en est près de la haïr.

CXII

Les défauts de l'esprit augmentent en vieillissant, comme ceux de visage.

CXIII

Il y a des bon marriages; mais il n'y a en a point de délicieux.

CIV

People and situations both have their optimal perspectives. Some, to be judged well, should be seen close up, while others can never be judged so well as when seen from a distance.

CV

A rational man is not one who stumbles across reason by chance but one who finds it by understanding, by discrimination, and by discernment.

CVI

To know things well we should know their details, and because they are virtually infinite, our knowledge is always superficial and imperfect.

CVII

It is itself a kind of flirtatiousness to claim that one is never flirtatious.

CVIII

The head cannot continue for long to play the part of the heart.

CIX

The young change their tastes from the ardor of their blood, and the old retain theirs from habit.

CX

One gives nothing so freely as advice.

CXI

The more one loves a mistress the closer one is to hating her.

CXII

Blemishes of the mind, just like those of the face, increase with age.

CXIII

There are good marriages, but there are none that are delightful.

CXIV

On ne se peut consoler d'être trompé par ses enemis et tralu par ses amis, et l'on est souvent satisfait de l'ètre par soi-même.

CXV

Il est aussi facile de se tromper soi-même sans s'en apercevois, qu'il est difficile de tromper les autre sans qu'il s'en aperçoivent.

CXVI

Rien 'nest moins sincère que le manière de demander et de donner les conseils. Celui qui en demande paroît avoir une déférence respectueuse pour les sentiments de son ami, bien qu'il ne pense qu'à lui faire approuver les siens, et à le rendre garant de sa conduite; et celui têmoigne d'un zèle ardent et désintéressé, quoisqu'il ne cherche le plus souvent, dans les conseils qu'il donne, que son propre intérêt ou sa gloire.

CXVII

La plus subtile de toutes les finesses est de savoir bien feindre de tomber dans les pièges qu'on nous tend; et l'on est jamais si aisément trompé que quand on songe à tromper les autres.

CXVIII

L'intention de ne jamais tromper nous expose à être souvent trompés.

CXIX

Nous sommes si accoutumés à nous déguiser aux autres, qu'enfin nous nous déguisons à nous-mêmes.

CXX

L'on fait souvent des trahisons par foiblesse que par un dessein formé de trahir.

CXXI

On fait souvent du bien pour pouvoir impunément faire du mal.

CXIV

We are inconsolable when we are deceived by our enemies and betrayed by our friends, yet we are often content to be deceived and betrayed by ourselves.

CXV

It is just as easy to deceive oneself without being aware of it as it is difficult to deceive others without them being aware of it.

CXVI

Nothing is less sincere than the way in which we ask for and give advice. The one asking for it seems to defer respectfully to his friend's opinion while thinking only of making him approve of what he has in mind and giving him a guarantee for his conduct. He in turn responds with expressions of ardent and disinterested zeal, while in fact usually basing the advice he gives on what will redound to his own interest, or his prestige.

CXVII

The most subtle kind of cunning is to pretend to fall into the trap that has been set for us; and we are ourselves never as easily deceived as when we dream of deceiving others.

CXVIII

The determination never to deceive others often exposes us to being deceived.

CXIX

We are so used to concealing ourselves from others that we often end up concealing ourselves from ourselves.

CXX

We are more often treacherous out of weakness than out of a conscious intention to be treacherous.

CXXI

We often do good so that we can get away with doing evil.

CXXII

Si nous résistons à nos passions, c'est plus par leur foiblesse que par notre force.

CXXIII

On n'auroit guère de plaisir si on ne se flattoit jamais.

CXXIV

Les plus habiles affectent toute leur vie de blâmer les finesses, pour s'en servir en quelque grande occasion et pour quelque grand intérêt.

CXXV

L'usage ordinaire de la finesse est la marque d'un petit esprit, et il arrive presque toujours que celui qui s'en sert pour se couvrir en un endroit, se découvre en un autre.

CXXVI

Les finesses et les trahisons ne viennent que de manque d'habileté.

CXXVII

Le vrai moyen d'être trompé, c'est de se croire plus fin que les autres.

CXXVIII

La trop grande subtilité est une fausse délicatesse; et la véritable délicatesse est une solide subtilité.

CXXIX

Il suffit quelquefois d'être grossier pour n'être pas trompé par un habile homme.

CXXX

La foiblesse est le seul défaut que l'on ne sauroit corriger.

CXXXI

Le moindre défaut des femmes qui se sont abandonées à faire l'amour, c'est de faire l'amour.

CXXII

If we are able to resist our impulses it is more because they are weak than because we are strong.

CXXIII

We would have little pleasure if we never flattered ourselves.

CXXIV

The most wily people spend their lives pretending to condemn craftiness so that they can employ it on some great occasion or on behalf of some great interest.

CXXV

The constant use of cunning is the mark of a small mind, and it almost always happens that those who resort to it for self-protection expose themselves to attack.

CXXVI

Cunning and treachery come from nothing but lack of ability.

CXXVII

The surest way of being deceived is to believe oneself superior to others.

CXXVIII

Too great subtlety is a bogus kind of refinement; true refinement is a solid subtlety.

CXXIX

In order not to be deceived by a clever man it is sometimes necessary to pretend to be a fool.

CXXX

Weakness is the only fault that one can never hope to correct.

CXXXI

The least defect in women who abandon themselves to love-making is that they make love.

CXXXII

Il est plus aisé d'être sage pour les autres que de l'être pour soi-même.

CXXXIII

Le seules bonnes copies sont celles qui nous font voir le ridicule des méchants originaux.

CXXXIV

On n'est jamais si ridicule par les qualités que l'on a, que par celles que l'on affecte d'avoir.

CXXXV

On est quelquefois aussi différent de soi-même que des autres.

CXXXVI

Il y a des gens qui n'auroient jamais été amoureux, s'ils n'avoient jamais entendu parler de l'amour.

CXXXVII

On parle peu quand la vanité ne fait pas parler.

CXXXVIII

On aime mieux dire du mal de soi-mème que de n'en point parler.

CXXXIX

Une des choses qui fait que l'on trouve si peu de gens qui paroissent raisonnables, et agréables dans la conversation, c'est qu'il n'y a presque personne qui ne pense plutôt à ce qu'il veut dire, qu'à répondre précisement à ce qu'on lui dit. Les plus habiles et les plus complaisants se contentent de montrer seulement une mine attentive, au même temps que l'on voit dans leurs yeux et dans leur esprit un égarement pour ce qu'on leur dit, et une précipitation pour retourner à ce qu'ils veulent dire; au lieu de considérer que c'est un mauvais moyen de plaire aux autres ou de les persuader, que de chercher si fort à se plaire à soi-même, et que bien écouter et bien répondre est une des plus grandes perfections qu'on puisse avoir dans la conversation.

CXXXII

It is much easier to be wise for others than to be wise for oneself.

CXXXIII

The only good copies are those that make us see how ridiculous a poor original is.

CXXXIV

We are never made as ridiculous by the qualities we have as we are by the ones we pretend to have.

CXXXV

Sometimes we differ more from ourselves than from others.

CXXXVI

There are some people who would never have been in love if they had never heard love spoken of.

CXXXVII

We speak little when vanity does not prompt us to speak.

CXXXVIII

We would rather speak ill of ourselves than not speak at all.

CXXXIX

One of the reasons which accounts for the fact that one finds so few people who seem reasonable and agreeable in conversation is that there is almost no one who does not think more about what he wants to say than about responding precisely to what has been said. The most clever and polite content themselves only with seeming to be attentive, while one can tell from their eyes and their bearing that they are at that time wandering from what is being said to them to an eagerness to return to what they want to say, and forget that it is a poor way of pleasing or persuading others to be so eager to please oneself; and to listen well and to reply well is one of the greatest perfections that one can have in conversation.

CXL

Un homme d'esprit serois souvent bien embarrassé sans la compagnie des sots.

CXLI

Nous nous vantons souvent de ne nous point ennuyer, et nous sommes si glorieux, que nous ne voulons pas nous trouver de mauvais compagnie.

CXLII

Comme c'est le caractère des grands esprits de faire entendre en peu des paroles beacoup des choses, les petits esprits, au contraire, ont le don beaucoup parler et de ne rien dire.

CXLIII

C'est plutôt par l'estime de nos propres sentiments que nous exagérons les bonnes qualités des autres, que par l'estime de leur mérite; et nous voulons nous attirer des louanges, lorsqu'il semble que nous leur en donnons.

CXLIV

On n'aime pas point à louer, et on ne loue jamais personne sans intérêt. La louange est une flatterie habile, cachée et délicate, qui satisfait différemment celui qui la donne et celui qui la reçoit: l'un la prend comme une récompense de son mérite; l'autre la donne pour fair remarquer son équité et son discernement.

CXLV

Nous choisissons souvent des louanges empoisonnées, qui font voir par contre-coup en ceux que nous louons des défauts que nous n'osons découvrir d'une autre sorte.

CXLVI

On ne loue d'ordinaire que pour être loué.

CXLVII

Peu de gens sont assez sages pour préférer le blâme qui leur est utile à la louange qui les trahit.

CXL

A witty person would often be at a loss without the company of fools.

CXLI

We often boast that we are never bored, and yet we are so vainglorious that we never want to find ourselves in poor company.

CXLII

As it is a characteristic of great minds to make themselves understood in a few words, so it is a mark of little minds, by contrast, to talk a lot without really saying very much.

CXLIII

It is out of esteem for our own feelings that we exaggerate the good qualities of other people, and not out of esteem for their merit; and when it seems that we want to praise others we are hoping to draw praise to ourselves.

CXLIV

We do not like to praise, and we never praise without an ulterior motive. Praise is flattery, cunning, covert, delicate, which gratifies in different ways him who is praised and him who praises; the one takes it as a deserving acknowledgment, the other gives it to show his impartiality and discernment.

CXLV

We often choose to poison our praise in order to make known, by contrast, the faults of those whom we praise, and to which it would not be possible to call attention in another way.

CXLVI

We usually praise only in order to be praised.

CXLVII

Few people are wise enough to prefer criticism that is helpful to praise that is treacherous.

CXLVIII

Il y a des reproches qui louent, et des louanges qui médisent.

CXLIX

Le refus des louanges est un desir d'être loué deux fois.

CL

Le desir de mériter les louanges qu'on nous donne, fortifie notre vertu; et celle que l'on donne à l'esprit, à la valeur, et à la beauté, contribuer à les augmenter.

CLI

Il est plus difficile de s'empêcher d'être gouverné, que de gouverner les autres.

CLII

Si nous ne nous flattions pas nous-même, la flatterie des autres ne nous pourroit nuire.

CLIII

La nature fait la mérite, et la fortune le met en œuvre.

CLIV

La fortune nous corrige de plusieurs défauts que la raison ne sauroit corriger.

CLV

Il y a des dégoûtants avec mérite, et d'autres qui plaisent avec des défauts.

CLVI

Il y a des gens dont tout le mérite consiste à dire et à faire des sottises utilement, et qui gâteroient tout s'ils changeoient de conduite.

CXLVIII

Some reproaches praise, and some praises reproach.

CXLIX

To decline praise is the wish to be praised a second time.

CL

The desire to deserve praise we are given strengthens our virtue; and that given to our wisdom, valor and beauty helps to strengthen them.

CLI

It is more difficult to avoid being dominated than to dominate others.

CLII

If we did not flatter ourselves, the flattery of others could not harm us.

CLIII

Nature makes merit but Fate puts it into effect.

CLIV

Fate corrects many of our faults which reason is unable to correct.

CLV

There are some disgusting people with merit and others who please even with their faults.

CLVI

There are some people whose entire value lies in saying and doing foolish things in a useful way, and who spoil everything if they change their conduct.

CLVII

La gloire des grands hommes se doit toujours mesurer aux moyens don't ils se sont servis pour l'acquérir.

CLVIII

La flatterie est une fausse monnoie qui n'a de cours que par notre vanité.

CLIX

Ce n'est pas assez d'avoir de grandes qualités, il en faut avoir l'economie.

CLX

Quelque éclatante que soit une action, elle ne doit pas passer pour grande, lorsqu'elle n'est pas l'effet d'un grand dessein.

CLXI

Il doit y avoir une certaine proportion entre les actions et les desseins, si on en vent tirer tous les effets qu'elles peuvent produire.

CLXII

L'art de savoir bien mettre en œuvre de médiocres qualités, dérobe l'estime, et donne souvent plus de réputation que le véritable mérite.

CLXIII

Il y a une infinité de conduites qui parroissent ridicules, et dont les raisons cachées sont très sage et très solides.

CLXIV

Il est plus facile de paroître digne des emplois qu'on n'a pas, que de ceux que l'on exerce.

CLXV

Notre mérite nous attire l'estime des honnêtes gens, et notre étoile celle du public.

CLVII

The prestige of great men ought always to be measured by the ways in which they acquired it.

CLVIII

Flattery is a counterfeit currency whose value is derived solely from our vanity.

CLIX

It is not enough to have great qualities, one must also be able to manage them.

CLX

However brilliant an exploit may be, it should not be regarded as great unless it is the outcome of a great objective.

CLXI

There should be a certain proportionality between actions and objectives if one is to calculate all the effects that they could produce.

CLXII

The art of knowing how to put mediocre talent to use wins praise and often wins greater reputation for a person than true merit does.

CLXIII

There are any number of plans that seem ridiculous but whose concealed reasons are very wise and very solid.

CLXIV

It is much easier to seem qualified for jobs that we do not have than for those we have.

CLXV

Our merit brings us the esteem of respectable people, our luck that of the public.

CLXVI

Le monde récompense plus souvent les apparences du mérite, que le mérite même.

CLXVII

L'avarice est plus opposée à l'économie, que la libéralité.

CLXVIII

L'espérance, tout trompeuse qu'elle est, sert au moins à nous mener à la fin de la vie par un chemin agréable.

CLXIX

Pendant que la paresse et la timidité nous retiennent dans notre devoir, notre vertu en a souvent tout l'honneur.

CLXX

Il est difficile de juger si un procédé net, sincère et honnête, est un effet de prohibité ou d'habileté.

CLXXI

Les vertus se perdent dans l'intérêt, comme les fleuves se perdent dans le mer.

CLXXII

Si on examine bien les divers effets de l'ennuie, on trouvera qu'il fait manquer à plus de devoirs que l'intérêt.

CLXXIII

Il y a diverses sortes de curiosité; l'une d'intérêt, qui nous porte à desirer d'apprendre ce qui nous peut être utile; et l'autre d'orgueil, qui vient du desir de savoir ce que les autres ignorent.

CLXXIV

Il vaux mieux employer notre esprit à supporter les infortunes qui nous arrivent, qu'à prévoir celles qui nous peuvent arriver.

CLXVI

The world rewards the appearance of merit more often than merit itself.

CLXVII

Avarice is more inimical than free spending to thrift.

CLXVIII

Hope, deceitful though she is, at least leads us at the end of life onto an agreeable road.

CLXIX

Although it is sloth and fear that keep us doing our duty, it is more often than not our virtue that gets the praise for it.

CLXX

It is difficult to decide whether sincere and honest behavior is the result of probity or of cunning.

CLXXI

Virtue loses itself in self-interest as rivers lose themselves in the sea.

CLXXII

If we carefully examine the various effects of boredom, we find them more likely to interfere with our duties than our interests.

CLXXIII

There are different kinds of curiosity. One springs from interest, which leads us to want to know everything that might be useful to us; the other from pride, which comes from the desire to know things others are ignorant of.

CLXXIV

It is better to employ our minds in coping with misfortunes that happen to us than to anticipate those that might occur.

CLXXV

La constance en amour est une inconstance perpétuelle, qui fait que notre cœur s'attache successivement à toutes les qualités de la personne que nous aimons, donnant tantôt la préférence à l'une, tantôt à l'autre de sorte que cette constance n'set qu'une inconstance arrêtée et renfermée dans un même sujet.

CLXXVI

Il y a deux sortes de constance en amour: l'une vient de ce que l'on trouve sans cesse dans la personne que l'on aime de nouveaux sujets d'aimer; et l'autre vient de ce que l'on se fait un honneur d'être constant.

CLXXVII

La persévérance n'est digne ni de blâme ni de louange, parcequ'elle n'est que la durée des goûts et des sentiments, qu'on ne s'ôteet qu'on ne se donne point.

CLXXVIII

Ce que nous fait aimer les nouvelles connaissances, n'est pas tant le lassitude que nous avons des vieilles, ou le plaisir de changer, que la dégoût de n'être pas assez admirés de ceux qui nous connoissent trop, et l'espérance de l'étre davantage de ceux qui ne nous-connoissent pas tant.

CLXXIX

Nous nous plaignons quelquefoiois légèrement de nos amis, pour justifier par avance notre légèreté.

CLXXX

Notre repentir n'est pas tant un regret du mal que nous avons fait, qu'une crainte de celui qui nous en peut arriver.

CLXXXI

Il y'a une inconstance qui vient de la légèreté de l'esprit, ou de sa foiblesse, qui lui fait receivoir toutes les opinions d'autrui; et il y en a une autre, qui est plus excusable, qui vient du dégoût des choses.

CLXXV

Constancy in love is a perpetual inconstancy that leads our heart to attach itself successively to all the qualities of the person whom we love, giving preference sometimes to one and sometimes to another, so that this constancy is nothing more than inconstancy bound to and confined in the same person.

CLXXVI

There are two kinds of constancy in love. In one, there is the endless discovery of new things to love in the person one loves; in the other, there is the sense that it is a point of honor to be constant.

CLXXVII

Perseverance deserves neither blame nor praise, for it is merely the persistence of tastes and feelings that one can neither create nor destroy.

CLXXVIII

What makes us enjoy new interests is not so much our boredom with old ones, or the pleasure of novelty, but our dismay at not being admired sufficiently by those who know more than we do, and the hope of gaining advantage over those who do not know as much as we.

CLXXIX

We sometimes complain about the levity of our friends in order to justify our own levity in advance.

CLXXX

Our repentance is not so much regret for the evil that we have done as fear of the evil it may bring us.

CLXXXI

One sort of inconstancy comes from the triviality or the weakness of our minds, which make us accept every opinion of other people; and there is another sort, which is more excusable, that comes from disgust with things.

CLXXXII

Les vices entrent dans la composition des vertus, comme les poisons entrent dans la composition des remèdes. La prudence les assemble et les tempère, et elle s'en sert utilement contre les maux de la vie.

CLXXXIII

Il faut demeurer d'accord, à l'honneur de la vertu, que les plus grands malheurs des hommes sont ceux ou ils tombent par les crimes.

CLXXXIV

Nous avouons nos défauts pour réparer par notre sincérité le tort qu'ils nous font dans l'esprit des autres.

CLXXXV

Il y a des héros en mal comme en bien.

CLXXXVI

On ne méprise pas tous ceux qui ont des vices; mais on méprise tous ceux qui n'ont aucune vertu.

CLXXXVII

Le nom de la vertu sert à l'intérêt aussi utilement que les vices.

CLXXXVIII

La santé de l'ame n'est pas plus assurée que celle du corps; et quoique l'on paroisse éloigné des passions, on n'est pas moins en danger de s'y laisser emporter, que de tomber malade quand on se porte bien.

CLXXXIX

Il semble que la nature ait prescrit à chaque homme, dès sa naissance, des bornes pour les vertus et pour les vices.

CXC

Il n'appartient qu'aux grands hommes d'avoir de grands défauts.

CLXXXII

Vices enter into the composition of virtues like poisons enter into the composition of medicines. Prudence brings them together and tempers them, and makes them effective against life's ills.

CLXXXIII

It must be said, in favor of virtue, that the greatest misfortunes befalling men are those that result from the crimes they themselves commit.

CLXXXIV

We acknowledge our faults so as to repair, with our sincerity, the harm others believe us to have done.

CLXXXV

There are heroes of evil just as there are heroes of good.

CLXXXVI

We do not despise everyone who has vices, but we do despise all who have no virtues.

CLXXXVII

A reputation for virtue can serve our interests just as well as one for vice.

CLXXXVIII

We can no more be confident of the health of our mind than of the health of our body, and we are in no less danger of being overwhelmed by emotion when we are calm than we are of falling sick when we are healthy.

CLXXXIX

It seems that Nature determines at birth the extent of each man's virtues and vices.

CXC

It is not fitting that any but great men should have great faults.

CXCI

On peut dire que les vices nous attendant dans le cours de la vie, comme des hôtes chez qui il faut successivement loger; et je doute que l'expérience nous les fit éviter, s'il nous étoit permis de faire deux fois le même chemin.

CXCII

Quand les vices nous quittent, nous nous flattons de la créance que c'est nous qui les quittons.

CXCIII

Il y a des rechutes dans les maladies de l'ame comme dans celles du corps. Ce que nous prenons pour notre guérison, n'est le plus souvent qu'un relâche ou un changement de mal.

CXCIV

Les défauts de l'ame sont comme les blessures du corps; quelque soin qu'on prenne le les guérir, la cicatrice paroît toujours, et elles sone à tout moment en danger de se ouvrir.

CXCV

Ce qui nous empêche souvent de nous abandonner à un seul vice, est que nous en avons plusieurs.

CXCVI

Nous oublions aisément nos fautes, lorsqu'elles ne sont sues que de nous.

CXCVII

Il y a des gens de qui l'on peut ne jamais croire du mal sans l'avoir vu; mais il n'y en a point en qui il nous doive surprendre en le voyant.

CXCVIII

Nous élevons la gloire des uns pour abaisser celle des autres: et quelquefois on loueroit moins M. le Prince et M. de Turenne, si on ne les vouloit point blâmer tous deux.

CXCI

We could say that in the course of our lives vices wait upon us like the inn keepers with whom we are at times obliged to lodge; and I doubt whether experience would lead us to avoid them if we were allowed to take the same journey a second time.

CXCII

When our vices leave us we flatter ourselves with the belief that we have left them.

CXCIII

There are remissions of mental as well as of physical illnesses, and what we think of as a cure is most often nothing more than a temporary easing or a change of the disease.

CXCIV

Defects of the mind are like wounds of the body. No matter how much care we take to heal them, the scars always remain and are in danger of re-opening at any moment.

CXCV

What often prevents us from giving up a single vice is that we have so many of them.

CXCVI

It is easy for us to forget our faults if they known only to ourselves.

CXCVII

There are people of whom we could never believe anything bad without seeing proof; yet there are very few in whom we would be surprised to see it.

CXCVIII

We magnify the glory of some to diminish that of others; and sometimes we would praise Monsieur the Prince and Monsieur de Turenne less if we did not want to blame both of them.

CXCIX

Le desire de paroître habile empêche souvent de le devenir.

CC

La vertu n'iroit pas si loin, si la vanité ne lui tenoit compagnie.

CCI

Celui qui croit pouvoir trouver en soi même de quoi se passer de tout le monde, se trompe fort; mais celui qui croit qu'on ne peut se passer de lui, se trompe encore davantage.

CCII

Les faux honnêtes gens sont ceux qui déguisent leurs défauts aux autres et à eux-mêmes; les vrais honnêtes gens sont ceux qui les connoissent parfaitement et les confessent.

CCIII

Le vrai honnête homme est celui qui ne se pique de rien.

CCIV

Le sévérité des femmes est un ajustement et un fard qu'elles ajoutent à leur beauté.

CCV

L'honnêté des femmes est souvent l'amour de leur réputation et de leur repos.

CCVI

C'est être véritablement honnête homme que de vouloir être toujours exposé a la vue des honnêtes gens.

CCVII

Le folie nous suit dans tous les temps de la vie. Si quelqu'un paroit sage, c'est seulement parceque ses folies sont proportionée à son âge et sà fortune.

CXCIX

The desire to appear clever often prevents one from being so.

CC

Virtue would not go so far if vanity did not keep it company.

CCI

He who believes he can find enough in himself to to do without anyone else is greatly mistaken; but he who thinks that no one else can do without him is even more mistaken.

CCII

Pseudo-good people are those who hide their faults from others and from themselves; while truly good people are those who know them perfectly well and acknowledge them.

CCIII

The truly good man is not offended by anything.

CCIV

The harshness of women is a garment and cosmetic that they add to their beauty.

CCV

Respectability in women is often love for their reputation and repose.

CCVI

He is a truly good man who wishes always to be exposed to the scrutiny of good people.

CCVII

Folly accompanies us at every phase of life. If someone seems wise it is only because his foolishness is proportionate to his age and fortune.

CCVIII

Il y a des gens niais qui se connoissent et qui emploient habilement leur niaiserie.

CCIX

Qui vit sans folie n'est pas si sage qu'il croit.

CCX

En vieillissant on devient plus fou et plus sage.

CCXI

Il y a des gens qui ressemblent aux vaudevilles, qu'on ne chante qu'un certain temps.

CCXII

La plupart des gens ne jugent des hommes que par la vogue qu'ils ont, ou par leur fortune.

CCXIII

L'amour de la gloire, la crainte de la honte, le dessein de faire fortune, le desir de rendre notre vie commode et agréable, et l'envie d'abaisser les autres, sont souvent les causes de cette valeur, si célèbre parmi les hommes.

CCXIV

La valeur est dans les simples soldats un métier périlleux qui'ils on y pris pour gagner leur vie.

CCXV

La parfaite valeur et la poltronnerie complete sont deux extrémités ou l'on arrive rarement. L'espace qui est entre deux est vaste, et contient toutes les autres espèces de courage. Il n'y a pas moins de différences entre elles qu'entre les visages et les humeurs. Il y a des hommes qui s'exposent volontiers au commencement d'une action, et qui se relachent et se rebutent aisément par sa durée. Il y en à qui sont contents quand ils ont satisfait a l'honneur du monde, et qui fond fort peu de chose au-delà. On en voit qui ne sont toujours également ... (CONT.)

CCVIII

There are some people who are foolish and employ their foolishness cunningly.

CCIX

One who lives without folly is not as wise as he thinks

CCX

In old age we become more foolish and more wise.

CCXI

There are some people who, like a vaudeville show, are only entertaining for a short while.

CCXII

The majority of people only judge men by their status or by their fortune.

CCXIII

The love of glory, the fear of disgrace, the goal of making a fortune, the desire to make our lives comfortable and agreeable, and the pleasure of demeaning others, are often the causes of the bravery that men acclaim.

CCXIV

In common soldiers bravery is the perilous path taken to earn a living.

CCXV

Perfect bravery and utter cowardice are two extremes that one rarely encounters. The space between these two is vast, and contains all the other forms of courage. The differences between them are not less than those between faces, or emotions. There are men who casually expose themselves at the beginning of an action but give up and become easily discouraged as it continues. There are some who do only what it takes to satisfy worldly honor and will do little beyond that. Some do not always master their fear as well as others... (CONT.)

CCXV (contd.)

maîtres de leur peur. D'autres se laissent quelquefois entrainer à des terreurs générales; d'autres vont à la charge parcequ'ils n'osent demeurer dans leur postes. Il s'en trouve à qui l'habitude des moindres périls affermit le courage, et les préparer à s'exposer à de plus grands. Il y en a qui sont braves à coup d'épée, et qui craignent les coups de mousquet; d'autres sont assurés aux coups de mousquet, et appréhendent de se battres à coups d'épée. Tous ces courages de différentes espèces convienent en ce que la nuit augmentant la crainte et cachant les bonnes et les mauvaises actions, elle donne la liberté de se ménager. Il y a encore un autre ménagement plus général: car on ne voit point d'homme qui fasse tout ce qu'il seroit capable de faire dans une occasion, s'il étoit assuré d'en revenir; de sorte qu'il est visible que la crainte de la mort ôte quelque chose de la valeur.

CCXVI

La parfaite valeur est de faire sans témoins ce qu'on seroit capable de faire devant tout le monde.

CCXVII

L'entrépidité est une force extraordinaire de l'ame, qui l'élève au-desus des troubles, et des désordres, et des émotions que la vue des grands périls pourroit exciter en elle; et c'est par cette force que les héros se maintiennent en un état paisible, et conservent l'usage libre de leur raison dans les accidents le plus surprenants et les plus terribles.

CCXVIII

L'hypocrisie est un hommage que le vice rend à le vertu.

CCXIX

La plupart des hommes s'exposent assez dans la guerre pour sauver leur honneur; mais peu se veulent toujours exposer autant qu'il est nécessaire pour faire réussir le dessein pour lequel ils s'exposent.

CCXV (contd.)

There are those who sometimes let themselves be overcome by abstract fears; others charge the enemy because they are too frightened to remain at their posts. For some, lesser dangers act to bolster their courage and prepare them to face greater ones. There are some who face the thrust of a sword bravely but fear gun- fire; others who face gunfire calmly but are afraid of being struck by the thrust of a sword. What all these different forms of courage have in common is that night heightens fears and, by concealing both good and bad actions, provides opportunities to act cautiously. There is another and more general point to be made in this connection, which is that we never see a man who does all that he is capable of doing in a given instance if he were certain of returning unscathed; so that it is clearly the case that to an extent the fear of death lessens valor.

CCXVI

Perfect valor is to do, without observers, what one is capable of doing in front of everyone.

CCXVII

Courage is an extraordinary power of the spirit that raises it above the troubles, disorders and emotions that the presence of great dangers can excite in it; and it is with this power that heroes are able to maintain themselves in a level frame of mind and continue to think clearly despite the most surprising and terrible accidents.

CCXVIII

Hypocrisy is homage that vice pays to virtue.

CCXIX

Most men expose themselves sufficiently in battle to save their honor; but some always wish to expose themselves more than necessary so that they can achieve the objective for which they expose themselves.

CCXX

La vanité, la honte, et sur-tout le tempérament font souvent la valeur des hommes et la vertu des femmes.

CCXXI

On ne veut point perdre la vie, et on veut acquérir de la gloire: ce qui fait que les braves ont plus d'adresse et d'esprit pour éviter la mort, que les gens de chicane n'en ont pour conserver leur bien.

CCXXII

In n'y a guère de personnes qui, dans la premier penchant de l'âge, ne fassent conoître par oû leur corps et leur esprit doivent faillir.

CCXXIII

Il est de la reconnoissance comme de la bonne foi des marchands; elle entretient le commerce; et nous ne payons pas parcequ'il et just de nous acquitter, mais pour trouver plus facilement des gens qui nous prêtent.

CCXXIV

Tous ceux qui s'acquittent des devoirs de la reconnoissance, ne peuvent pas pour cela se flatter d'être reconnoissants.

CCXXV

Ce qui fait le mécompte dans la reconnoissance qu'on attend des grâces que l'on a faites, c'est que l'orgueil de celui qui donne, et l'orgueil de celui qui reçoit, ne peuvent convenir du prix de bienfait.

CCXXVI

Le trop grand rempressement qu'on a de s'acquitter d'une obligation est une espèce d'ingratitude.

CCXXVII

Les gens heureux ne se corrigent guère; ils croient toujours avoir raison, quand la fortune soutient leur mauvaise conduite.

CCXX

Pride, shame, and above all character often make men valiant and women virtuous.

CCXXI

We do not wish to lose our lives and we wish to win glory, and this makes brave men be more direct and spirited in evading death than tricksters attempting to hold on to their gains.

CCXXII

There are few people who, at the first signs of approaching age, do not make it apparent how their bodies and their minds are bound to fail.

CCXXIII

It holds true of gratitude as it does of the good faith of merchants; it sustains commerce; and we do not pay our debts because it is the right thing to do but so that we can more easily find people who will lend to us.

CCXXIV

A person who repays his debts of gratitude cannot for that reason flatter himself into believing that he is grateful.

CCXXV

What causes a person to be disappointed in the gratitude he expects for a favor he has done is that the pride of the giver and the pride of the receiver prevent them from agreeing about what the favor's value is.

CCXXVI

Too great a hurry to acquit oneself of an obligation is a kind of ingratitude.

CCXXVII

Happy people seldom correct themselves; they always believe they are in the right when Fate condones their bad conduct.

CCXXVIII

L'orgueil ne veut pas devoir, et l'amour propre ne veut pas payer.

CCXXIX

Le bien que nous avons reçu de quelqu'un veut que nous respections le mal qu'il nous fait.

CCXXX

Rien n'est si contagieux que l'exemple, et nous ne faisons jamais de grands biens ni de grands maux qui n'en produisent de semblables. Nous imitons les bonnes actions par émulation, et les mauvaises par la malignité de notre nature, que la honte retenoit prisonnière, et que l'example met en liberté.

CCXXXI

C'est une grande folie de vouloir être sage tout seul.

CCXXXII

Quelque prétexte que nous donnions à nos afflictions, ce n'est souvent que l'intérêt et la vanité qui les causent.

CCXXXIII

Il y a dans les afflictions diverses sortes d'hypocrisie. Dans l'une, sous prétexte de pleurer la perte d'une personne qui nous est chère, nous nous pleurons nous-même; nous regrettons la bonne opinions qu'elle avoit de nous; nous pleurons la diminution de notre bien, de notre plaisir, de notre considération. Ainsi les morts ont l'honneur des larmes qui ne coulent que par pour les vivants. Je dis que c'est une espèce d'hypocrisie, à cause que dans ces sortes d'afflictions on se trompe soi-même. Il y a une autre hypocrisie qui n'est pas si innocente, parcequ'elle impose à tout le monde: c'est l'afflictions de certaines personnes qui aspirent à la gloire d'une belle et immortelle douleur. Après que le temps, qui consume tout, a fait cesser celle qu'elles avoient en effet, ne laissent pas d'opinionâtrer leurs pleurs, leurs plaintes, et leurs soupirs; elles prennent un personnage lugubre, et travaillent à ... (CONT.)

CCXXVIII

Pride does not want to owe, and self-love does not want to pay.

CCXXIX

The good we have received from someone should lead us to respect the harm he has done us.

CCXXX

Nothing is so contagious as an example, and we never do any great good nor any great evil which does not produce similar ones. We imitate the good deeds by emulation, and the bad ones by the malignity of our nature that had been imprisoned by shame and that an example set loose.

CCXXXI

It is a great folly to want to be wise all by oneself.

CCXXXII

However we try to explain our afflictions, they are often caused only by self-interest and vanity.

CCXXXIII

Various kinds of hypocrisy are to be found in afflictions. In one, under the pretext of weeping over the loss of someone who was dear to us, we weep for ourselves; we regret the good opinion the person had of us; we weep over the diminution of our well-being, our pleasure, our esteem. Thus the dead are honored by tears shed only for the living. I say that this is a kind of hypocrisy because in this kind of affliction one deceives oneself alone. There is another kind of hypocrisy that is not so innocent because it inflicts itself upon everyone: this is the grief displayed by certain people who aspire to the glory of a beautiful and immortal sorrow. After the passage of time, which consumes everything, has brought to an end their actual grief, they cannot put an end to their weeping and wailing and moaning, they assume a mournful character, and work to convince others by all their actions that their grief ... (CONT.)

CCXXXIII (cont.)

persuader par toutes leurs actions, que leur déplaisir ne finira qu'avee leur vie. Cette triste et fatigante vanité se trouve d'ordinaire dans les femmes ambitieuses. Comme leur sexe leur ferme tous les chemins qui mènent à la gloire, elles s'efforcent de se rendres célèbres par la montre d'une inconsolable affliction. Il y a encore une autre espèce de larmes qui n'ont que de petites sources qui coulent et se tarissent facilement. On pleure pour avoir l'réputation être tendre; on pleure pour être pliant; on pleure pour être pleuré; enfin on pleure pour éviter la honte de ne pleurer pas.

CCXXXIV

C'est plus souvent par l'orgueil que par défaut des lumières qu'on s'oppose avec tants s'opiniâtreté aux opinions les plus suivies: on trouve les premiêres places prises dans le bon parti, et on ne veut point de dernières.

CCXXXV

Nous nous consolons aisément des disgraces de nos amis, lorsqu'elles servent à signaler notre tendresse pour eux.

CCXXXVI

Il semble que l'amour-propre soit la dupe de la bonté, et qu'il s'oublie lui-même lorsque nous travaillons pour l'avantage des autres. Cependant c'est prendre le chemin le plus assuré pour arriver à ses fins; c'est prêter à usure, sous prétexte de donner: c'est enfin s'acquérir tout le monde par un moyen subtil et délicat.

CCXXXVII

 Nul ne mérite d'être loué de sa bonté, s'il n'a pas la force d'être méchant. Toute autre bonté n'est le plus souvent qu'une paresse ou une impuissance de la volonté.

CCXXXVIII

Il n'est pas si dangereux de faire du mal à la plupart des hommes, que de leur faire trop de bien.

will end only with their lives. This sad and tiresome affectation is found ordinarily in ambitious women. Because their sex bars them from all the roads that lead to glory, they try to make themselves celebrated by the display of inconsolable grief. There is also another kind of grief that comes from only a small source and dries itself up easily. One weeps to gain the reputation of being tender; one weeps in order to be pitied; one weeps in order to be wept over; and finally, one weeps to escape the ignominy of not weeping.

CCXXXIV

It is more often from pride than from dim-wittedness that one so stubbornly opposes the most widely-held opinions: one finds that the first places in the good party are taken and one does not want the last ones.

CCXXXV

It is easy to console ourselves for the disgrace of our friends when it allows us to signal our concern for them.

CCXXXVI

It may seem that self-love is the dupe of goodness and that it forgets itself when we work for the advantage of others. Nevertheless, it is taking the most certain road for reaching one's goals; it is lending usuriously under the pretext of giving; and finally, it is winning everyone over by a subtle and delicate tactic.

CCXXXVII

No one deserves to be praised for his goodness if he lacks the power to be wicked. All other goodness most often comes only from laziness or weak will.

CCXXXVIII

It is not as dangerous to wrong most men as it is to do them too much good.

CCXXXIX

Rien ne flatte pas notre orgueil que la confiance des grands, parceque nous la regardons comme un effet de notre mérite, sans considérer qu'elle ne vient le plus souvent que de vanité ou d'impuissane de garder le secret.

CCXL

On peut dire de l'agrément séparé de la beauté, que c'est une symétrie don't on ne sait point les règles, et un rapport secret des traits ensemble et des traits avec les couleurs et avec l'air de personne.

CCXLI

La coquetterie est le fond de l'humeur des femmes; mais toutes ne la mettent pas en pratique, parceque le coquetterie de quelques unes est retenue par la crainte ou par la raison.

CCXLII

On incommode souvent les autres, quand en croit ne les pouvoir jamais incommoder.

CCXLIII

Il y a peu de choses impossibles d'elles-mêmes; et l'application pour les faire réussir nous manque plus que les moyens.

CCXLIV

La souveraine habilité consiste à bien connoître les prix des choses.

CCXLV

C'est une grande habileté que de savoir cacher son habileté.

CCXLVI

Ce qui paroît générosité n'est souvent qu'une ambition déguisée qui méprise de petits intérêts, pour aller à de plus grands.

CCXXXIX

Nothing flatters our pride more than the confidences of the great, which we think were made because of our merit; and we fail to recognize that for the most part they stem from vanity or from the inability to keep a secret.

CCXL

One could say that charm that is without beauty is a symmetry whose rules are entirely unknown, and a secret correspondence of traits to each other and of those traits to the colors and bearing of the person.

CCXLI

Flirtatiousness is the foundation of women's nature; but not all of them put it into practice, because the flirtatiousness of some of them is inhibited by fear or by reason.

CCXLII

One often annoys people when one believes that one could never annoy them.

CXLIII

Few things are inherently impossible; and we more often lack the diligence than the means to achieve success.

CCXLIV

Supreme cleverness consists of knowing well the price of things.

CCXLV

It is a great cleverness to know how to hide one's cleverness.

CCXLVI

What seems to be generosity is often only a disguised ambition that scorns minor interests in order to pursue greater ones.

CCXLVII

La fidélite qui paroît en la plupart des hommes n'est qu'une invention de l'amour-propre pour attirer la confiance; c'est un moyen de nous élever au-dessus des autres et de nous rendre dépositaires des choses les plus importantes.

CCXLVIII

La magnanimité méprise tout pour avoir tout.

CCXLIX

Il n'y a pas moins d'éloquence dans le ton de la voix, dans les yeux, et dans l'air de la personne, que dans le choix des paroles.

CCL

La véritable éloquence consiste à dire tout ce qu'il faut, et à ne dire que ce qu'il faut.

CCLI

Il y a es personnes à qui les défauts siéent bien, et d'autres qui sont disgraciées avec leurs bonnes qualités.

CCLII

Il est aussi ordinaire de voir changer les goûts, qu'il est extraordinaire de voir changer les inclinations.

CCLIII

L'intérêt met en œuvre toutes sortes de vertus et de vices.

CCLIV

L'humilité n'est souvent qu'une feinte soumission dont on se sert pour soumettre les autres. C'est un artifice de l'orgueil qui s'abaisse pour s'élever; et bien qu'il se transforme en mille manières, il n'est jamais mieux déguisé et plus capable de tromper, que lorsqu'il se cache sous la figure de l'humilité.

CCXLVII

The good faith that appears in most men is merely an invention of self-love aimed at winning trust; it is a means of elevating ourselves above others and to make ourselves trustees for things that are more important.

CCXLVIII

Magnanimity despises everything in order to have everything.

CCXLIX

There is no less eloquence in the tone of voice, in the eyes, and in the bearing of a person, than there is in the choice of words.

CCL

True eloquence consists of saying all that should be said, and not all that could be said.

CCLI

There are people whose faults suit them well, and others who are disgraced by their good qualities.

CCLII

It is just as common to see tastes change as it is uncommon to see propensities change.

CCLIII

Self-interest activates all sorts of virtues and vices.

CCLIV

Humility is often nothing other than the pretense of submission that one adopts in order to undermine others. It is an artifice of pride that debases itself in order to elevate itself; and although it can transform itself in a thousand ways, it is never better disguised nor more capable of misleading than when it is hidden under the guise of humility.

CCLV

Tous les sentiments ont chacun un ton de voix, des gestes et des mines qui leur sont propres; et ce rapport, bon ou mauvais, agréable or désagréable, est ce qui fait que les personnes plaisent ou déplaisent.

CCLVI

Dans toutes les professions, chacun affecte une mine et un extérieur pour paroître ce qu'il veut qu'on le croie. Ainsi on peut dire que le monde n'est composé que de mines.

CCLVII

La gravité est un mystère du corps, inventé pour cacher les défauts de l'esprit.

CCLVIII

Le bon goût vient plus du jugement que de l'esprit.

CCLIX

Le plaisir de l'amour est d'aimer, et l'on est plus heureux par la passion que l'on a, que par celle que l'on donne.

CCLX

La civilité est un desir d'en recevoir, et d'être estimé poli.

CCLXI

L'éducation que l'on donne d'ordinaire aux jeunes gens est un second amour-propre qu'on leur inspire.

CCLXII

Il n'y a point de passion où l'amour d soi-même règne si puissamment que dans l'amour; et on est toujours plus disposé à sacrificier le repos de ce qu'on aime, qu'à perdre le sien.

CCLXIII

Ce qu'on nomme libéralité n'est le plus souvent que la vanité de donner, que nous aimons mieux que ce que nous donnons.

CCLV

Each of the emotions has its own distinctive tone of voice, gestures and airs. And this relationship, whether good or bad, agreeable or disagreeable, is what makes people pleasant or unpleasant.

CCLVI

In all the professions, each affects an air and an exterior that will make him seem like what he wants people to think he is. And so we can say that the world is composed only of airs.

CCLVII

Gravity is a mystery of the body invented in order to hide the defects of the mind.

CCLVIII

Good taste comes more from judgement than from the mind.

CCLIX

The pleasure of love is to love, and we get more joy from the passion we have than from the passion we give.

CCLX

Civility is a wish to be treated civilly and to be thought polite.

CCLXI

The education one usually gives young people inspires them to a second self-love.

CCLXII

There is no other emotion in which the love of oneself reigns so powerfully as love; and one is always more inclined to sacrifice the tranquility of those one loves than to lose one's own.

CCLXIII

What one calls generosity is most often nothing more than the vanity of giving, which we like better than that which we give.

CCLXIV

La pitié est souvent un sentiment de nos propres maux dans les maux d'autrui. C'est une habile prévoyance des malheurs où nous pouvons tomber. Nous donnons du secours aux autres pour les engager à nous en donner en de semblables occasions; et ces services que nous leur rendons sont, à proprement parler, des biens que nous nous faisons à nous-mêmes par avance.

CCLXV

La petitesse de l'esprit fait l'opiniâtreté, et nous ne croyons pas aisément ce qui est au-delà de ce que nous voyons.

CCLXVI

C'est se tromper que'de croire qu'il n'y ait que les violentes passions, comme l'ambition et l'amour, qui puissent triompher des autres. La paresse, toute languissante qu'elle est, ne laisse pas d'en être souvent la maîtresse; elle usurpe sur tous less desseins et sur toutes les actions de la vie; elle y détruit et y consume insensiblement les passions et les vertus.

CCLXVII

La promptitude à croire le mal sans l'avoir assez examiné est un effet de l'orgueil et de la paresse. On veut trouver des coupables, et on ne veut pas se donner la peine d'examiner les crimes.

CCLXVIII

Nous récusons les juges pour les plus petits intérèts, et nous voulons bien que notre réputation et notre gloire dépendent du jugement des hommes, qui nous sont tous contraires, ou parler leur jalousie, ou par leur préoccupation, ou par leur peu de lumières, et ce n'est que pour les faire prononcer en notre faveur, que nous exposons en tant de manières notre repos et notre vie.

CCLXIX

Il n'y a guère d'homme assez habile pour connoître tout le mal qu'il fait.

CCLXIV

*Pity is often a feeling for our own ills in the ills of other people.
It is an artful anticipation of the misfortunes that may befall us.
We give help to other people in order to make them feel obliged
to help us on similar occasions; and these services that we
perform for them are, properly speaking, good deeds that we do
to ourselves in advance of needing them.*

CCLXV

*Pettiness of the mind leads to stubbornness; and we do not
easily believe anything other than what we can actually see.*

CCLXVI

*We deceive ourselves when we believe that only the violent
passions such as ambition and love have the strength to triumph
over the others. Laziness, no matter how languid she may be,
does not often give up her dominance; she usurps all the plans
and all the deeds of life; she destroys and insensibly consumes
the passions and virtues.*

CCLXVII

*The readiness to believe ill without adequate inquiry is a result
of pride and of laziness. One wishes to find the guilty, and one
does not want to exert onself to investigate the crimes.*

CCLXVIII

*We impugn judges at the slightest signs of their self-interest and
yet we accept that our reputation and prestige depend on the
judgement of men who are all opposed to us, either from their
jealousy, or from their preoccupation, or from their lack of
enlightenment, and it is only to have them come out in our favor
that we expose our peace and our life in so many ways.*

CCLXIX

*Hardly any man is clever enough to know all the evil that he
does.*

CCLXX

L'honneur acquis est caution de celui qu'on doit acquérir.

CCLXXI

La jeunesse est une ivresse continuelle; c'est la fièvre de la raison.

CCLXXII

Rien ne devroit plus humiliar les hommes qui ont merité de grandes louanges, que le soin qu'ils prennent encore de se faire valoir par de petites choses.

CCLXXIII

Il y a des gens qu'on approuve dans le monde, qui n'ont pour tout mérite que les vices qui servent au commerce de la vie.

CCLXXIV

La grace de la nouveauté est à l'amour ce que le fleur est sur les fruits; elle y donne un lustre qui s'efface aisément, et qui ne revient jamais.

CCLXXV

Le bon naturel, qui se vante d'être si sensible, est souvent étouffé par le moindre intérêt.

CCLXXVI

L'absence diminue les médiocres passions et augmente les grandes comme le vent étient les bougies et allume le feu.

CCLXXVII

Les femmes croient souvent aimer, encore qu'elles n'aiment pas. L'occupation d'une intrigue, l'émotion d'esprit que donne la galanterie, la pente naturelle au plaisir d'être aimées, et la peine de refuser, leur persuadent qu'elles ont de la passion lorsqu'elles n'ont que de la coqueterie.

CCLXX

An honor acquired is surety for more that one must acquire.

CCLXXI

*Youth is a continual intoxication; it is the delirium of
reason.*

CCLXXII

*Nothing should humiliate men who have deserved great praise
more than the effort they still make to promote themselves by
petty things.*

CCLXXIII

*There are people who are well thought of but who have no merit
at all except for the vices that facilitate the commerce of life.*

CCLXXIV

*The charm of novelty is to love as the flower is to the fruit; it
gives it a luster that is easily wiped away and which never
returns.*

CCLXXV

*Good natured people, who boast of being so sensible, are often
choked by the slightest self-interest.*

CCLXXVI

*Absence diminishes weak passions and intensifies great ones,
like wind blows out candles and fans flames.*

CCLXXVII

*Women often think they love even though they do not.
Involvement in an intrigue, the emotion of the mind that an
affair gives, the natural penchant for the pleasure of being loved,
and the reluctance to refuse, persuade them they have passion
when in fact all they have is flirtatiousness.*

CCLXXVIII

Ce que fait que l'on est souvent mécontent de ce que négocient, est qu'ils abandonnent presque toujours l'intérêt de leurs amis pour l'intérêt du succeès de la négociation, qui devient le leur, par l'honneur d'avoir réussi à ce qu'ils avaient entrepris.

CCLXXIX

Quand nous exagérons la tendresse que nos amis ont pour nous, c'est souvent moins par reconnoissance que par le desir de faire juger notre mérite.

CCLXXX

L'approbation que l'on donne à ce qui entrent dans le monde, vient souvent de l'envie secrète que l'on porte à ceux qui y sont établis.

CCLXXXI

L'orgueil qui nous inspire tant d'envie nous sert souvent aussi à la modèrer.

CCLXXXII

Il y a faussetès dèguisèes qui reprèsentent si bien la vèritè, que ce soit mal juger que de ne s'y pas laisser tromper.

CCLXXXIII

Il n'y a pas quelquefois moins d'habilitê à savoir profiter d'un bon conseil, qu'à se bien consiller soi-même.

CCLXXXIV

Il y a des méchants qui seroient moins dangereux s'ils n'avoient aucune bonté.

CCLXXXV

La magnanimité est assez définie par son nom; néanmoins on pourroit dire que c'est le bon sense de l'orgueil, et la voie la plus noble pour recevoir les louanges.

CCLXXVIII

What often causes one to be discontented with those negotiating on our behalf is that they almost always abandon the interest of their friends for the objective of a successful negotiation, so they can enjoy the honor of achieving what they had undertaken.

CCLXXIX

When we exaggerate the tenderness that our friends feel for us, it is often less from gratitude than from the desire to display our worth.

CCLXXX

The approval that one gives to those who are entering society often comes from one's secret envy of those who are established in it.

CCLXXXI

Pride, which arouses so much envy in us, often also helps us to moderate it.

CCLXXXII

Some disguised falsehoods depict the truth so well that it would be poor judgement not to let ourselves be deceived by them.

CCLXXXIII

Sometimes it takes as much cleverness to know how to profit from good advice as it does to know how to advise oneself well.

CCLXXXIV

There are some wicked people who would be less dangerous if they were without any goodness at all.

CCLXXXV

Magnanimity is adequately defined by its name; nevertheless, one could say that it is the good sense of pride, and the noblest way to obtain praise.

CCLXXXVI

Il est impossible d'aimer une seconde fois ce qu'on a véritablement cessé d'aimer.

CCLXXXVII

Ce n'est pas tant la fertilité de l'esprit qui nous fait trouver plusieurs expédients sur une même affaire, que c'est le défaut de lumières qui nous fait arrêter à tout ce qui se présente à notre imagination, et qui nous empêche de discerner d'abord ce qui est le meilleur.

CCLXXXVIII

Il y a des affaires et des maladies que les remèdes aigrissent en certains temps; et la grande habilité consiste à connoitre quand il est dangereux d'en user.

CCLXXXIX

La simplicité affectée est une imposture délicate.

CCXC

Il y a plus de défauts dans l'humeur que dans l'esprit.

CCXCI

Le mérite des hommes a sa saison aussibien que les fruits.

CCXCII

On peu dire de l'humeur des hommes comme de la plupart des bâtiments, qu'elle a diverses faces; les unes agréables, et les autres désagréable.

CCXCIII

La modération ne peut avoir le mérite de combattre l'ambition et de la soumettre; elles ne se trouvent jamais ensemble. La modération est la langueur et la paresse de l'ame, comme l'ambition en est l'activité et l'ardeur.

CCLXXXVI

It is impossible to love a second time that which one has truly ceased to love.

CCLXXXVII

It is not so much fertility of the mind that leads us to find numerous expedients for the same situation as it is a lack of brilliance that makes us pause at everything that presents itself to our imagination and that prevents us from determining immediately which is the best.

CCLXXXVIII

There are affairs and illnesses that at certain times remedies only make worse; and it takes great cleverness to know when it is dangerous to use them.

CCLXXXIX

Affected simplicity is dainty imposture.

CCXC

There are more faults of temperament than of mind.

CCXCI

Men's merit, like fruits, has its season.

CCXCII

One can say that men's moods, like the majority of buildings, have varied faces, some of which are agreeable and others disagreeable.

CCXCIII

Moderation cannot have the merit of fighting ambition and subduing it; they are never to be found together. Moderation is the languor and laziness of the soul, just as ambition is its activity and ardor.

CCXCIV

Nous aimons toujours ceux qui nous admirent, et nous n'aimons pas toujours ceux que nous admirons.

CCXCV

Il s'en faut bien que nous ne connoissions toute nos volontes.

CCXCVI

Il est difficile d'aimer ceux que nous n'estimons point; mais il ne l'est pas moins d'aimer ceux que nous estimons beaucoup plus que nous.

CCXCVII

Les humeurs du corp ont un cours ordinaire et réglé, qui meut et qui tourne imperceptiblement notre volonté. Elles roulent ensemble, et exercent successivement un empire secret en nous; de sorte qu'elles ont une part considérable à toutes nos actions, sans que nous le puissons connoître.

CCXCVIII

La reconnoissance de la plupart des hommes n'est qu'une secrète envie de recevoir de plus grands bienfaits.

CCXCIX

Presque tout le monde prend plaisir à s'acquitter des petites obligations: beaucoup des gens ont de la reconnoissance pour les médiocres; mais il n'y a quasi personne qui n'ait de l'ingratitude pour les grandes.

CCC

Il y a des folies qui se prennent commes les maladies contagieuses.

CCCI

Assez des gens méprisent le bien; mais peu savent le donner.

CCXCIV

We always like those who admire us, and we do not always like those whom we admire.

CCXCV

It is just as well that we do not know what all our desires are.

CCXCVI

It is difficult to love those whom we do not esteem at all; but it is not less so to love those whom we esteem much more than ourselves.

CCXCVII

The dispositions of our body have an ordinary and regulated course which imperceptibly turns and moves our will. They rule together and successively exercise a secret dominion over us; so that they have a considerable part in all our actions without our having the ability to know it.

CCXCVIII

Gratitude, for most men, is nothing but a secret desire to receive still greater benefits.

CCXCIX

Almost everyone takes pleasure in acquitting themselves of petty obligations: many people feel gratitude for moderate ones; but there is almost no person who is not ungrateful for large ones.

.

CCC

There are some kinds of folly that are caught like contagious diseases.

CCCI

Many people despise wealth; but few know how to give it away.

CCCII

Ce n'est d'ordinaire que dans de petits intérêts où nous prenons le hasard de ne pas croire aux apparences.

CCCIII

Quelque bien qu'on nous dise de nous, on ne nous apprend rien de nouveau.

CCCIV

Nous pardonnons souvent à ceux qui nous ennuient; mais nous ne pouvons pardonner à ceux que nous ennuyons.

CCCV

L'intérêt, que l'on accuse de tous nos crimes, mérite souvent d'être loué de nos bonnes actions.

CCCVI

On ne trouve guère d'ingrats, tant qu'on est en état de faire bien.

CCCVII

Il est aussi honnête d'ètre glorieux avec soi-mè, qu'il est ridicule de l'être avec les autres.

CCCVIII

On a fait une vertu de la modération, pour borner l'ambition des grands hommes, et pour consoler les gens médiocres de leur peu de fortune et de leur peu de mérite.

CCCIX

Il y a des gens destinés à être sots, qui ne font pas seulement des sottises par leur choix, mais que la fortune même contraint d'en faire.

CCCX

Il arrive quelquefois des accidents dans la vie, d'où il faut être un peu fou pour se bien tirer.

CCCII

It is only in unimportant matters, usually, that we take the risk of not believing in appearances.

CCCIII

No matter how highly people speak to us about ourselves, we do not learn anything new.

CCCIV

We often forgive those who bore us; but we can never forgive those whom we bore.

CCCV

Self-interest, which is blamed for all our crimes, often deserves to be praised for our good deeds.

CCCVI

Ingrates are hard to find when one is in a position to do good.

CCCVII

It is as honest to be conceited with oneself as it is ridiculous to be so with others.

CCCVIII

People have made a virtue of moderation in order to limit the ambition of great men, and to console mediocrities for their limited good fortune and their limited merit.

CCCIX

Some people who are destined to be fools not only make the choice to behave foolishly but will do so because fate itself compels them.

CCCX

One must be a little crazy to escape from the accidents that sometimes happen in life.

CCCXI

S'il y a des hommes dont le ridicule n'ait jamais paru, c'est qu'on ne l'a jamais bien cherché.

CCCXII

Ce qui fait que les amants et les maîtresses ne s'ennuient point d'être ensemble, c'est qu'ils parlent toujours d'eux-mêmes.

CCCXIII

Pourquoi faut-il que nous ayons assez de mémoire pour retenir jusqu'aux moindres particularités de ce qui nous est arrivé, et que nous n'en ayons pas assez pour nous souvenir combien de fois nous les avons contées à une même personne?

CCCXIV

L'êxtreme plaisir qui nous prenon à parler de nous-même, nous doit faire craindre de n'en donner guère à ce qui nous écoutent.

CCCXV

Ce qui nous empêche d'ordinaire de faire voir le fond de notre cœur à nos amis, n'est pas tant la défiance que nous avons d'eux, que celle que nous avons de nous-même.

CCCXVI

Les personnes foibles ne peuvent être sincères.

CCCXVII

Ce n'est pas un grand malheur d'obliger des ingrats, mais c'en est un insupportable d'être obligé à un malhonnête homme.

CCCXVIII

On trouve des moyens pour guérir de la folie, mais on n'en trouve point pour redresser un esprit de travers.

CCCXIX

On ne sauroit conserver long-temps les sentimens qu'on doit avoir pour ses amis et pour ses bienfaiteurs, si on se laisse la liberté de parler souvent de leurs défauts.

CCCXI

If there are some men who have never appeared ridiculous it is because no one ever looked closely.

CCCXII

The reason why lovers and mistresses are not bored to be with each other is that they are always talking about themselves.

CCCXIII

Why should it be that we have memory enough to recall the smallest details of things that have happened to us, but not enough to remember the number of times that we have repeated them to the same person?

CCCXIV

The extreme pleasure we get from talking about ourselves should make us fear that we give almost none to those hearing us.

CCCXV

What ordinarily prevents us from completely baring our souls to our friends is not so much our mistrust of them as our mistrust of ourselves.

CCCXVI

Weak people cannot be sincere.

CCCXVII

It is not a big misfortune to be obliged to by ingrates, but it is an intolerable one to be obliged to a dishonest man.

CCCXVIII

One finds some ways to correct folly, but one finds none to correct wrong-headedness.

CCCXIX

One cannot long maintain the feelings one should have for friends and for benefactors if one frequently takes the liberty of speaking about their faults.

CCCXX

Louer les princes des vertus qu'ils n'ont pas, c'est leur dire impunément des injures.

CCCXXI

Nous sommes plus près d'aimer ceux qui nous haïssent, que ceux qui nous aiment plus que nous ne voulons.

CCCXXII

Il n'y a que ceux qui sont méprisables qui craignent d'être méprisés.

CCCXXIII

Notre sagesse n'est pas moins à la merci de la fortune que nos biens.

CCCXXIV

Il y a dans la jalousie plus d'amour-propre que d'amour.

CCCXXV

Nous nous consolons suivent par foiblesse des maux dont la raison n'a pas la force de nous consoler.

CCCXXVI

Le ridicule déshonore plus que le déshonneur.

CCCXXVII

Nous n'avouons de petits défauts que pour persuader que nous n'en avons pas de grands.

CCCXXVIII

L'envie est plus irréconciliable que la haine.

CCCXXIX

On croit quelquefois haïr la flatterie; mais on hait que la manière de flatter.

CCCXXX

On pardonne tant que l'on aime.

CCCXX

To praise princes for virtues they do not have is to insult them with impunity.

CCCXXI

We are closer to loving those who hate us than we are to those who love us more than we want them to.

CCCXXII

It is only those who are despicable who fear being despised.

CCCXXIII

Our wisdom is no less at the mercy of Fate than our wealth.

CCCXXIV

In jealousy there is more self-love than love.

CCCXXV

We often console ourselves out of weakness for adversity for which reason lacks the power to console us.

CCCXXVI

Ridicule dishonors more than dishonor.

CCCXXVII

We only admit to small faults in order to persuade people that we have no great ones.

CCCXXVIII

Envy is more irreconcilable than hate.

CCCXXIX

Sometimes we think we hate flattery but what we hate is the way it is done.

CCCXXX

One forgives to the extent that one loves.

CCCXXXI

Il est plus difficile d'être fidèle à sa maitresse quand on est heureux, que quand on en est maltraité.

CCCXXXII

Les femmes ne connoissent pas toute leur coquetterie.

CCCXXXIII

Les femmes n'ont point de sévérité complète sans aversion.

CCCXXXIV

Les femmes peuvent moins surmonter leur coquetterie que leur passion.

CCCXXXV

Dans l'amour, la tromperie va presque toujours plus loin que la méfiance.

CCCXXXVI

Il y a une certaine sorte d'amour dont l'excès empêche la jalousie.

CCCXXXVII

Il est de certaines bonnes qualités comme des sens; ceux qui en sont entièrement privés, ne les peuvent apercevoir ni les comprendre.

CCCXXXVIII

Lorsque notre haine est trop vive, elle nous met au-dessous de ceux qui nous haisons.

CCCXXXIX

Nous ne ressentons nos biens et nos maux qu'à proportion de notre amour-propre.

CCCXL

L'esprit de la plupart des femmes sert plus à fortifier leur folie que leur raison.

CCCXXXI

It is more difficult to be faithful to one's mistress when one is happy than when one is being mistreated by her.

CCCXXXII

Women are not aware of all their flirtatiousness.

CCCXXXIII

Women are not completely severe unless they hate.

CCCXXXIV

Women are less able to curb their flirtatiousness than their passion.

CCCXXXV

In love, deception almost always goes much further than mistrust.

CCCXXXVI

There is a certain kind of love in which excess prevents jealousy.

CCCXXXVII

Certain good qualities are like the senses, those who are entirely lacking in them can neither perceive them nor understand them.

CCCXXXVIII

When our hatred is too intense it places us beneath those whom we hate.

CCCXXXIX

We experience our goods and our ills only in proportion to our self-love.

CCCXL

The minds of most women tend to strengthen their foolishness more than their reason.

CCCXLI

Les passions de la jeunesse ne sont guère plus opposées au salut que la tiédeur des vieilles gens.

CCCXLII

L'accent du pays où l'on est né demeure dans l'esprit et dans le cœur que dans le langage.

CCCXLIII

Pour être un grand homme il faut savoir profiter de toute sa fortune.

CCCXLIV

La plupart des hommes ont comme les plantes des propriétes cachées, que le hasard fait découvrir.

CCCXLV

Les occasions nous font connaître aux autres, et encore plus à nous-mêmes.

CCCXLVI

Il ne peut y avoir de règle dans l'esprit ni dans le cœur des femmes, si le tempérament n'en est d'accord.

CCCXLVII

Nous ne trouvons guère de gens de bon sens, que ceux qui sont de notre avis.

CCCXLVIII

Quand en aime, on doute souvent de ce qu'on croit le plus.

CCCXLIX

Le plus grand miracle de l'amour, c'est de gùerir dela coquetterie.

CCCL

Ce que nous donne tant d'aigreur contre ceux qui nous font des finesses, c'est qu'ils croient d'être plus habiles que nous.

CCCXLI

The passions of youth are hardly more opposed to well-being than the indifference of old people.

CCXLII

The accent of the country in which one was born abides in the mind and in the heart as it does in one's language.

CCXLIII

To be a great man one must know how to profit from all one's fate.

CCCXLIV

Most men, like plants, have hidden properties that are are discovered by chance.

CCCXLV

Circumstances make us known to others, and even more so to ourselves.

CCCXLVI

There can be no rule in the mind nor in the heart of women unless it accords with their temperament.

CCCXLVII

We scarcely ever find people of good sense except for those who are of our opinion.

CCCXLVIII

When in love one often doubts that which one believes the most.

CCCXLIX

The greatest miracle of love is that it suppresses flirtatiousness.

CCCL

What is so irritating about those who outsmart us is that they think they are cleverer than we.

CCCLI

On a bien de la peine à rompre, quand on ne s'aime plus.

CCCLII

On s'ennuie presque toujours avec les gens avec qui il n'est pas permis de s'ennuyer.

CCCLIII

Un honnête homme peut être amoureux comme un fou, mais non pas comme un sot.

CCCLIV

Il y a de certains défauts qui, bien mis en œuvre, brillent plus que la vertu même.

CCCLV

On perd quelquefois des personnes qu'on regrette plus qu'on n'en est affligé, et d'autres don't on est affligé, et qu'on ne regrette guère.

CCCLVI

Nous ne louons d'ordinaire de bon cœur que ceux qui nous admirent.

CCCLVII

Les petits esprits sont trop blessés des petits choses; les grands esprit les voient toutes, et n'en sont point blessés.

CCCLVIII

L'humilité est le véritable preuve des vertus chrétiennes: sans elle nous conservons tous nos défauts, et ils sont seulement couverts par l'orgueil qui les caches aux autres, et souvent à nous-mêmes.

CCCLIX

Les infidélités devraient éteindre l'amour, et il ne faudrait point être jaloux quand on a sujet de l'être. Il n'y a que les personnes qui évitent de donner de la jalousie qui soient dignes qu'on ait pour elles.

CCCLI

It is painful to break up when one is no longer in love.

CCCLII

One is almost always bored by people by whom it is not permissible to be bored.

CCCLIII

It is possible for an honest man to fall in love like a lunatic, but not like a fool.

CCCLIV

There are certain defects that, when acted upon, are more brilliant than virtue itself.

CCCLV

One sometimes loses people whom one regrets more than one mourns, and others whom one mourns and scarcely regrets.

CCCLVI

We usually give our enthusiastic praise only to those who admire us.

CCCLVII

Little minds are excessively wounded by little things; great minds see everything but are not at all wounded by them.

CCCLVIII

Humility is the true proof of Christian virtues: without it we hold onto all our faults and these are covered only by pride, which conceals them from other people and often even from ourselves.

CCCLIX

Unfaithfullness should extinguish love, and one should not be jealous when one is the victim of it. It is only people who avoid giving cause for jealousy who deserve to be objects of it.

CCCLX

On se décrie beaucoup plus auprès de nous par les moindres infidélités qu'on nous fait, que par les plus grandes qu'on fait aux autres.

CCCLXI

La jalousie naît toujours avec l'amour, mais elle ne meurt toujours avec lui.

CCCLXII

La plupart des femmes ne pleurent pas tant la mort de leurs amants pour les avoir aimés, que pour paraître plus dignes d'être aimées.

CCCLXIII

Les violences qu'on nous fait font souvent moins de peine que celles que nous faison à nous-mêmes.

CCCLXIV

On sait assez qu'il ne faut guère parler de sa femme; mais on ne sait pas assez qu'on devrait encore moins parler de soi.

CCCLXV

Il y a des bonnes qualités qui dégénèrent en défauts quand elles sont naturelles, et d'autres qui ne sont jamais parfaites quand elles sont acquises. Il faut, par example, que la raison nous fasse ménagers de notre bien et de notre confiance; et il faut, au contraire, que la nature nous donne la bonté et la valeur.

CCCLXVI

Quelque défiance que nous ayons de la sincérité de ceux qui nous parlent, nous croyons toujours qu'ils nous disent plus vrai qu'aux autres.

CCCLXVII

Il y a peu d'honnêtes femmes qui ne soient lasses de leur métier.

CCCLX

In our eyes, people discredit themselves very much more by their slightest betrayal of us than by their greatest betrayal of others.

CCCLXI

Jealousy is always born with love but it does not always die with it.

CCCLXII

Most women do not cry at the deaths of their lovers because they loved them, but rather in order to appear all the more worthy of being loved.

CCCLXIII

The violence that others inflict upon us is often less painful than that which we inflict upon ourselves.

CCCLXIV

It is well enough known that one should not talk much about one's wife, but it is not well enough known that one should talk even less about oneself.

CCCLXV

Some good qualities degenerate into faults when they are natural, while others are never perfect when they are acquired. It is necessary, for example, for reason to make us manage our wealth and our confidence; and it is necessary, on the contrary, that Nature gives us goodness and bravery.

CCCLXVI

However sceptical we may about the sincerity of those speaking to us, we always believe that they talk to us more honestly than they do to others.

CCCLXVII

There are few honest women who are not tired of their calling.

CCCLXVIII

La plupart des honnêtes femmes sont des trésors cachés, qui ne sont en sûreté parce qu'on ne les cherche pas.

CCCLXIX

Les violences qu'on se fait pour s'empêcher d'aimer sont souvent plus cruelles que les rigueurs de ce qu'on aime.

CCCLXX

Il n'y a guère de poltrons qui connaissent toujours toute leur peur.

CCCLXXI

C'est presque toujour la faute de celui qui aime de ne pas connaître quand on cesse de l'aimer,

CCCLXXII

La plupart des jeunes gens croient être naturels, lorsqu'ils ne sont que mal polis et grossiers.

CCCLXXIII

Il y a de certaines larmes qui nous trompent souvent nous-mêmes après avoir trompé les autres.

CCCLXXIV

Si on croit aimer sa maîtresse pour l'amour d'elle, on est bien trompé.

CCCLXXV

Les esprits médiocres condamnent d'ordinaire tout ce qui passe leur portée.

CCCLXXVI

L'envie est détruite par la véritable amitié, et la coquetterie par le véritable amour.

CCCLXVIII

The majority of honest women are hidden treasures, who are not in harm's way because no one is looking for them.

CCCLXIX

The violence one does to oneself to prevent oneself from loving is often crueler than the severity of those whom we love.

CCCLXX

There are not many cowards who are always conscious of all their fears.

CCCLXXI

It is almost always the fault of the one who loves not to recognize when he is no longer loved.

CCCLXXII

Most young people are convinced that they are being natural when they are merely being impolite and crude.

CCCLXXIII

There are certain tears that often deceive us ourselves after having deceived others.

CCCLXXIV

If one believes that one loves one's mistress for the love of her one is much deceived.

CCCLXXV

Mediocre minds generally condemn everything that crosses their threshold.

CCCLXXVI

Envy is destroyed by true friendship, and flirtatiousness by true love.

CCCLXXVII

Le plus grand défaut de la pénétration n'est pas de n'aller point jusqu'au but, c'est de le passer.

CCCLXXVIII

On donne des conseils mais on n'inspire point de conduite

CCCLXXIX

Quand notre mérite baisse, notre goût baisse aussi.

CCCLXXX

La fortune fait paraître nos vertus et nos vices, comme la lumière fait paraître les objets.

CCCLXXXI

La violence qu'on se fait pour demeurer fidèle à ce qu'on aime ne vaut guère mieux qu'une infidélité.

CCCLXXXII

Nos actions sont comme les bouts-rimés, que chacun fait rapporter à ce qu'il lui plaît.

CCCLXXXIII

L'envie de parler de nous, et de faire voir nos défauts du côté que nous voulons bien les montrer, fait une grande partie de notre sincérité.

CCCLXXXIV

On ne devrait s'étonner que de pouvoir encore s'étonner.

CCCLXXXV

On est presque également difficile à contenter quand on a beaucoup d'amour et quand on n'en a plus guère.

CCCLXXXVI

Il n'y a point de gens qui aient plus souvent tort que ceux qui ne peuvent souffrir d'en avoir.

CCCLXXVII

The greatest failure of insight does not lie in not reaching the goal, but in going past it.

CCCLXXVIII

One gives advice but one does not inspire conduct.

CCCLXXIX

When we debase our merit we also debase our taste.

CCCLXXX

Circumstances reveal our virtues and our vices, like light reveals objects.

CCCLXXXI

The struggle with oneself to remain faithful to the one we love is hardly superior to an infidelity.

CCCLXXXII

Our actions are like verses composed to set rhymes, which everyone completes according to his preferences.

CCCLXXXIII

Eagerness to talk about ourselves, and to reveal our shortcomings in the ways in which we want to show them, make up a large part of our sincerity.

CCCLXXXIV

One should be surprised only at being still able to be surprised.

CCCLXXXV

It is almost as difficult to be content when we have much love as when we have hardly any.

CCCLXXXVI

No people are more often in the wrong than those who cannot stand to be in the wrong.

CCCLXXXVII

Un sot n'a pas assez d'étoffe pour être bon.

CCCLXXXVIII

Si la vanité ne renverse pas entièrement les vertus, du moins elle les ébranle toutes.

CCCLXXXIX

Ce que nous rend la vanité des autres insupportable, c'est qu'elle blesse la nôtre.

CCCXC

On renonce plus aisément à son intérêt qu'a son goût.

CCCXCI

La fortune ne paraît jamais si aveugle qu'a ceux à qui elle ne fait pas de bien.

CCCXCII

Il faut gouverner la fortune comme la santé: en jouir quand elle est bonne, prendre patience quand elle est mauvaise, et ne faire jamais de grands remèdes sans un extrême besoin.

CCCXCIII

L'air bourgeois se perd quelquefois à l'armée; mais il ne se perd jamais à la cour.

CCCXCIV

On peut être plus fin qu'un autre, mais non plus fin que tous les autres.

CCCXCV

On est quelquefois moins malhereux d'être trompé de ce qu'on aime, que d'en être detrompé.

CCCXCVI

On garde longtemps son premier amant, quand on n'en prend point de second.

CCCLXXXVII

A fool does not have the stuff it takes to be good.

CCCLXXXVIII

If vanity does not entirely negate the virtues, at least it discomfits them all.

CCCLXXXIX

What makes the vanity of other people insupportable is that it injures our own.

CCCXC

One abandons one's self-interest more easily than one's taste.

CCCXCI

Fate never seems so blind as it does to those to whom it never does any good.

CCCXCII

Fate must be managed like health: enjoy her when she is good, be patient when she is bad, and avoid dramatic remedies except in extreme need.

CCCXCIII

The bourgeois manner is sometimes lost in the army, but it is never lost at court.

CCCXCIV

One can be more cunning than someone else, but not more cunning than everyone else.

CCCXCV

One is sometimes less unhappy about being deceived by someone one loves than by being undeceived.

CCCXCVI

One keeps one's first lover for a long time when one has not taken a second.

CCCXCVII

Nous n'avons pas le courage de dire en général que nous n'avons pas de défauts, et que nos enemis n'ont point de bonnes qualités; mais en détail nous ne sommes pas trop éloignés de la croire.

CCCXCVIII

De tous nos défauts, celui dontnous demeurons le plus aisément d'accord, c'est de la paresse; nous nous persuadons qu'elle tient à toutes les virtus paisibles et que, sans détruire entièrement les autres, elle en suspend seulement les fonctions.

CCCXCIX

Il y a un élévation qui né depend point de la fortune: c'est un certain air qui nous distingue et qui semble nous destiner aux grandes choses; c'est un prix que nous nous donnons impercetiblement à nous-mêmes' c'est par cette qualité que nous usurpons les déferences des autres hommes, et c'est elle d'ordinaire qui nous met plus au-dessus d'eux que la naissance, les dignités, ou le mérite même.

CD

Il y a du mérite sans élévation, mais il n'y a point d'élévation sans quelque mérite.

CDI

L'élévation est au mérite ce que la parure est aux belles personnes.

CDII

Ce que se trouve le moins dans la galanterie, c'est de l'amour.

CDIII

La fortune se sert quelquefois de nos défauts pour nous élever; et il y a des gens incommodes don't le mérite serait mal récompensé si on ne voulait acheter leur absence.

CCCXCVII

We do not have the courage to say, in general, that we have no failings, and that our enemies have no good qualities; but in points of detail we are not all that very far from believing just that.

CCCXCVIII

Of all our failings, the one which we are most ready to accept is laziness; we persuade ourselves that it is associated with all the peaceful virtues and that, without entirely destroying the others, it merely suspends their functions.

CCCXCIX

Some high status does not depend at all on Fate: it is a certain air that distinguishes us and seems to destine us for great things; it is a price that we discreetly set upon ourselves; it is by this quality that we command the deference of other men, and it is this, too, that ordinarily places us higher above them than birth, rank and merit itself.

CD

There is merit without eminence, but there is no eminence without at least some merit.

CDI

Eminence is to merit what ornaments are to beautiful people.

CDII

What one finds least of in love affairs is love.

CDIII

Fate sometimes uses our failings to elevate us, and there are some bothersome people whose merit would be poorly rewarded if one were unwilling to buy their absence.

CDIV

Il semble que la nature ait caché dans le fond de notre esprit des talents et une habileté que nous ne connaissons pas; les passions seules ont le droit de les metter au jour; et de nous donner quelquefois des vues plus certaines et plus achevées que l'art ne saurait faire.

CDV

Nous arrivons tout nouveaux aux divers âges de la vie, et nous y manquons souvent d'expérience malgré le nombres des années.

CDVI

Les coquettes se font honneur d'être jalouses de leurs amants, pour cacher qu'elles sont envieuses des autres femmes.

CDVII

Il s'en faut bien que ceux qui s'attrapent à nos finesses ne nous paraissent aussi ridicules que nous nous le paraissons à nous-mêmes quand les finesses des autres nous ont attrapés.

CDVIII

Lu plus dangereux ridicule des vieilles personnes qui ont été aimables, c'est d'oublier qu'elles ne le sont plus.

CDIX

Nous aurions souvent honte de nos plus belles actions si le monde voyait tous let motifs qui les produisent.

CDX

Le plus grand effort de l'amitié n'est pas de montrer nos défauts à un ami; c;est de lui faire voir les siens.

CDXI

On n'a guère de défauts qui ne soient plus pardonnables que les moyens don't on se sert pour les cacher.

CDIV

It would appear that Nature has hidden some talents and ability of which we are unaware in the depths of our minds; the emotions alone have the right to bring them into the open; and sometimes to give us views that are more certain and more accomplished than art knows how to do.

CDV

We arrive altogether new at the different stages of life, and we often lack experience despite the number of our years.

CDVI

Flirtatious women boast of being jealous of their lovers to hide their envy of other women.

CDVII

It may well be that those who are tricked by our cunning do not appear to us to be nearly as ridiculous as we appear to ourselves when the cunning of others tricks us.

CDVIII

The most dangerous absurdity of old people who used to be likeable is to forget that they are no longer so.

CDIX

We would often be ashamed of our finest deeds if everyone could see the motives that produced them.

CDX

The greatest challenge of friendship is not to show our failings to a friend; it is to show his to him.

CDXI

One has hardly any failings which are not more forgivable than the means by which we hide them.

CDXII

Quelque honte que nous ayons méritée, il est presque toujours en notre pouvoir de rétablir notre réputation.

CDXIII

On ne plaît pas longtemps quand on n'a que d'une sorte d'esprit.

CDXIV

Les fous et les sottes gens ne voient que par leur humeur.

CDXV

L'esprit nour sert quelquefois à faire hardiment des sottises.

CDXVI

La vivacité qui augmente en vieillissant ne va pas loin de la folie.

CDXVII

En amour celui qui est guéri le premier est toujours le mieux guéri.

CDXVIII

Les jeunes femmes qui ne veulent point paraître coquettes, et les hommes d'un âge avancé qui ne veulent pas être ridicules, ne doivent jamais parler de l'amour comme d'une chose oû ils puissent avoir part.

CDXIX

Nous pouvons paraître grands dans un emploi au-dessous de notre mérite, mais nous paraissons souvent petits dans un emploi plus grand que nous.

CDXX

Nous croyons souvent avoir de la constance dans les malheurs, lorsque nous n'avons que de l'abattement, et nous les souffrons sans oser les regarder comme les poltrons se laissent tuer de peur de se défendre.

CDXII

Whatever shame we have deserved, it is almost always in our power to restore our reputation.

CDXIII

One is not pleasing for long when one has but a single focus in one's mind.

CDXIV

Mad and foolish people only see things through their moods.

CDXV

The mind sometimes helps us to do daringly foolish things.

CDXVI

The vivacity that grows with old age is not far removed from craziness.

CDXVII

In love what is cured first is always cured the best.

CDXVIII

Young women who do not want to seem flirtatious, and men of an advanced age who do not want to be ridiculous, must not ever speak of love as if it were something in which they can take part.

CDXIX

We can seem to be great in a role for which we are over-qualified, but we often seem small in a role for which we are under-qualified.

CDXX

We often believe that we are steadfast in the face of adversity, whereas what we are is merely dejected, and we suffer it without daring to face it, like cowards who let themselves be killed because they are too afraid to defend themselves.

CDXXI

La confiance fournit plus à la conversation que l'esprit.

CDXXII

Toutes les passions nous font faire des fautes, mais l'amour nous en fait de plus ridicules.

CDXXIII

Peu de gens savent être vieux.

CDXXIV

Nous nous faisons honneur des défauts opposés à ceux que nous avons: quand nous sommes faibles, nous nous vantons d'être opiniâtres.

CDXXV

La pénétration a un air de deviner qui flatte plus notre vanité que toutes les autres qualités de l'esprit.

CDXXVI

La grâce de la nouveauté et la longue habitude, quelque opposées qu'elles soient,nous empêchent également de sentir les défauts de nos amis.

CDXXVII

La plupart des amis dégoûtent de l'amitié, et la plupart des dévots dégoûtent de la dévotion.

CDXXVIII

Nous pardonnons aisément à nos amis les défauts qui ne nous regardent pas.

CDXXIX

Les femmes qui aiment pardonnent plus aisément les grandes indiscrétions que les petites infidélites.

CDXXI

Assurance brings more to conversation than intellect.

CDXXII

All emotions cause us to make mistakes, but love causes us to make the most ridiculous ones.

CDXXIII

Few people know how to be old.

CDXXIV

We flatter ourselves by claiming to have faults that are the opposite of ones we actually have: when we are indecisive we boast of being opinionated.

CDXXV

Shrewdness has a way of divining things that flatters our vanity more than all the other qualities of the mind.

CDXXVI

The charms of novelty and long familiarity, however opposite they may be, equally prevent us from perceiving the shortcomings of our friends.

CDXXVII

Most friends make one disgusted with friendship, and most pious people make one disgusted with piety.

CDXXVIII

We readily forgive our friends for those shortcomings that do not matter to us.

CDXXIX

Women in love forgive great indiscretions more easily than they do small infidelities.

CDXXX

Dans la vieillesse de l'amour comme dans celle de l'âge on vit encore pour les maux, main on ne vit plus pour les plaisirs.

CDXXXI

Rien n'empêche tant d'être natural que l'envie de le paraître.

CDXXXII

C'est en quelque sorte se donner part aux belles actions, que de les louer de bon cœur.

CDXXXIII

La plus véritable marque d'être né avec de grandes qualités, c'est d'être né sans envie.

CDXXXIV

Quand nos amis nous ont trompés, on ne doit que de l'indifférence aux marques de leur amitié, mais on doit toujours de la sensibilité à leur malheurs.

CDXXXV

La fortune et l'humeur gouvernent le monde.

CDXXXVI

Il est plus aisé de connaître l'homme en général que de connaître un homme en particulier.

CDXXXVII

On ne doit pas juger de mérite d'un homme par ses grandes qualités, mais par l'usage qu'il en sait faire.

CDXXXVIII

Il y a une certaine reconnaissance vive qui ne nous acquitte pas seulement des bienfaits que nous avons reçus, mais qui fait même que nos amis nous doivent en leur payant ce que nous leur devons.

CDXXX

In the twilight of love, as in that of life, one continues to live for the pains, but one no longer lives for the pleasures.

CDXXXI

Nothing prevents one from being natural so much as the desire to seem so.

CDXXXII

Praising fine deeds wholeheartedly is in some sense a way of giving oneself a part in them.

CDXXXIII

The truest sign of having been born with great qualities is to be without envy.

CDXXXIV

When our friends have deceived us we owe only indifference to their expressions of friendship, but we always owe some empathy for their misfortunes.

CDXXXV

Fate and emotion govern the world.

CDXXXVI

It is easier to know man in general than to know one man in particular.

CDXXXVII

One should not judge the merit of a man by his great qualities, but by the use to which he knows how to put them.

CDXXXVIII

There is a certain lively gratitude with which we not only repay benefits we have received, but which, when we repay them, even makes our friends owe us what we owe them.

CDXXXIX

Nous ne désirerions guère de choses avec ardeur si nous connaissions parfaitement ce que nous désirons.

CDXL

Ce que fait que le plupart des femmes sont peu touchées de l'amitié, c'est qu'elle est fade quand on a senti de l'amour.

CDXLI

Dans l'amitié comme dans l'amour on est souvent plus heureux par les choses qu'on ignore que par celles que l'on sait.

CDXLII

Nous essayons de nous faire honneur des défauts que nous ne voulons pas corriger.

CDXLIII

Les passions le plus violentes nous laissent quelquefois du relâche, mais la vanité nous agite toujours.

CDXLIV

Les vieux fous sont plus fous que les jeunes.

CDXLV

La faiblesse est plus opposé à la vertu que le vice.

CDXLVI

Ce qui rend les douleurs de la honte et de la jalousie si aiguës, c'est la vanité ne peut servir à les supporter.

CDXLVII

La bienséance est la moindre de toutes les lois, et la plus suivie.

CDXLVIII

Un esprit droit a moins de peine de se soumettre aux esprits de travers que de les conduire.

CDXXXIX

We would hardly want anything passionately if we really knew what we want.

CDXL

The reason why most women are little affected by friendship is because it seems tame after one has experienced love.

CDXLI

In friendship as in love, one is often made happier by what one ignores than by what one knows.

CDXLII

We try to take credit for those failings that we do not wish to correct.

CDXLIII

The most violent emotions sometimes give us respite, but vanity agitates us incessantly.

CDXLIV

Old fools are more foolish than young ones.

CDXLV

Weakness is more the opposite of virtue than is vice.

CDXLVI

What makes the sorrows of shame and jealousy so acute is that vanity is unable to help us bear them.

CDXLVII

Propriety is the least of all laws, and the one most followed.

CDXLVIII

An upstanding person has less difficulty submitting to corrupt minds than in correcting them.

CDXLIX

Lorsque la fortune nous surprend en nous donnant une grande place sans nous y avoir conduits par degrés, ou sans que nous nous y soyons élevés par nos espérances, il est presque impossible de s'y bien soutenir, et de paraître digne de l'occuper.

CDL

Notre orgueil s'augmente souvent de ce que nous retranchons de nos autres défauts.

CDLI

Il n'y a point de sots si incommodes que ceux qui ont de l'esprit.

CDLII

Il n'y a point d'homme qui se croie en chacune des ses qualités au-dessous de l'homme du monde qu'il estime le plus.

CDLIII

Dans les grandes affairs on doit moins s'appliquer à faire naître des occasions qu'à profiter de celles qui se présentent.

CDLIV

Il n'y a guère d'occasion où l'on fit un méchant marché de renoncer au bien qu'on dit de nous, à condition de n'en dire point de mal.

CDLV

Quelque disposition qu'ait le monde à mal juger, il fait encore plus souvent grâce au faux mérite qu'il ne fait injustice au véritable.

CDLVI

On est quelquefois un sot avec de l'esprit, mais on ne l'est jamais avec du jugement.

CDXLIX

When fate surprises us by giving us an eminent position without having led us to it in stages, or without us having elevated ourselves to it through our ambitions, it is virtually impossible for us to perform well in it, and to appear deserving of holding it.

CDL

Our pride often enlarges itself with what we withdraw from our other faults.

CDLI

There are no fools as annoying as those who have some wit.

CDLII

No man believes that any of his qualities are inferior to those of the man of the world whom he most esteems.

CDLIII

In important matters one should apply oneself less to launching new initiatives than to profiting from those that present themselves.

CDLIV

There are hardly any situations in which we disadvantage ourselves by contradicting good things that people say about us, provided that nothing bad is said, either.

CDLV

For all the tendency of the world to judge poorly, it much more often favors false merit than it does injustice to real merit.

CDLVI

One can sometimes be a fool with wit, but never one with judgement.

CDLVII

Nous gagnerions plus de nous laisser voir tels que nous sommes, que d'essayer de paraître ce que nous ne sommes pas.

CDLVIII

Nos ennemis approchent plus de la vérité dans les jugements qu'ils font de nous que nous n'en approchons nous-mêmes.

CDLIX

Il y a plusieurs remèdes qui guérissent de l'amour, mais il n'y en a point d'infaillibles.

CDLX

Il s'en faut bien que nous connaissions tout ce que nos passions nous font faire.

CDLXI

La vieillesse est un tyran qui défend sur peine de la vie tous les plaisirs de la jeunesse.

CDLXII

La même orgueil qui nous fait blâmer les défauts dont nous nous croyons exempts, nous porte à mépriser les bonnes qualités que nous n'avons pas.

CDLXIII

Il y a souvent plus d'orgueil que de bonté à plaindre les malheurs de nos ennemis; c'est pour leur faire sentir que nous sommes au-dessus d'eux que nous leur donnons des marques de compassion.

CDLXIV

Il y a un excès de biens et de maux qui passe notre sensibilité.

CDLXV

Il s'en faut bien que l'innocence ne trouve autant de protection que le crime.

CDLVII

We would gain more by letting ourselves be seen for what we are than by trying to appear as something that we are not.

CDLVIII

Our enemies come closer to the truth in their judgements of us than we do in our judgements of ourselves.

CDLIX

There are some remedies for curing love, but none of them is infallible.

CDLX

It would be a good thing if we knew everything that our emotions make us do.

CDLXI

Old age is a tyrant who on pain of death forbids all the pleasures of youth.

CDLXII

The selfsame pride that leads us to condemn faults to which we believe ourselves immune, leads us to despise the good qualities that we do not have.

CDLXIII

There is often more pride than goodness in pitying the misfortunes of our enemies; it is to make them feel that we are superior to them that we give them expressions of our compassion.

CDLXIV

There is a degree of good and evil surpassing our comprehension.

CDLXV

It would be a good thing if innocence found as much protection as crime.

CDLXVI

De toutes les passions violentes, celle qui sied le moins mal aux femmes, c'est l'amour.

CDLXVII

La vanité nous fait faire plus de choses contre notre goût que la raison.

CDLXVIII

Il y a des méchantes qualités qui font de grands talents.

CDLXIX

On ne souhaite jamais ardemment ce qu'on ne souhaite que par raison.

CDLXX

Toutes nos qualités sont incertaines et douteuses en bien comme en mal, et elles sont presque toutes à la merci des occasions.

CDLXXI

Dans les premières passions les femmes aiment l'amant, et dans les autres elles aiment l'amour.

CDLXXII

L'orgueil a ses bizarreries, comme les autre passions; on a honte d'avouer que l'on ait de la jalousie, et on se fait honneur d'en avoir eu, et d'être capable d'en avoir.

CDLXXIII

Quelque rare que soit le véritable amour, il l'est encore moins que la vérirable amitié.

CDLXXIV

Il y a peu des femmes don't le mérite dure plus que la beauté.

CDLXXV

L'envie d'être plaint, ou d'être admiré, fait souvent la plus grande partie de notre confiance.

CDLXVI

Of all the violent passions, the one that is least unattractive in women is love.

CDLXVII

Vanity makes us do more things in violation of our taste than reason does.

CDLXVIII

Some bad qualities produce great talents.

CDLXIX

We never wish ardently for that which we wish rationally.

CDLXX

All our qualities, the good ones just as the bad, are uncertain and doubtful, and they are almost all at the mercy of circumstance.

CDLXXI

In their first passions women love the lover, and in the others they love love.

CDLXXII

Pride has its odd aspects, like the other emotions; we are ashamed to acknowledge our jealousy, and we congratulate ourselves on it, and on being capable of it.

CDLXXIII

However rare true love may be, it is less rare than true friendship.

CDLXXIV

There are few women whose worth outlasts their beauty.

CDLXXV

Eagerness to be pitied, or to be admired, is often the greater part of our confiding in others.

CDLXXVI

Notre envie dure toujours plus longtemps que le bonheur de ceux qui nous envions.

CDLXXVII

La même fermeté qui sert à resister à l'amour sert aussi à le rendre violent et durable, et les personnes faibles qui sont toujours agitées des passions n'en sont presque jamais véritablement remplies.

CDLXXVIII

L'imagination ne saurait inventer tant de diverses contrariétés qu'il y en a naturellement dans le cœur de chaque personne.

CDLXXIX

Il n'y a que les personnes qui ont de la fermeté qui puissent avoir une véritable douceur; celles qui paraissent douces n'ont d'ordinaire que de la faiblesse, qui se convertit aisément en aigreur.

CDLXXX

La timidité est un défaut don't il est dangereux de reprendre les personnes qu'on en veut corriger.

CDLXXXI

Rien n'est plus rare que le véritable bonté; ceux mêmes qui croient en avoir n'ont d'ordinaire que de la complaisance ou de la faiblesse.

CDLXXXII

L'esprit s'attache par paresse et par constance à ce qui lui est facile ou agréable; cette habitude met toujours des bornes à nos connaissances, et jamais personne ne s'est donné la peine d'étendre et de conduire son esprit aussi loin qu'il pourrait aller.

CDLXXXIII

On est d'ordinare plus médisant par vanité que par malice.

CDLXXVI

Our envy always lasts longer than the happiness of those whom we envy.

CDLXXVII

The same firmness that helps a person to resist love also helps to make it violent and long-lasting, and weak people who are always agitated by their emotions are almost never truly fulfilled.

CDLXXVIII

The imagination could not invent as many different contradictions as occur naturally in the heart of each person.

CDLXXIX

It is only strong people who are able to be truly good-natured; those who appear to be good-natured are ordinarily nothing but weak, and are easily able to convert their weakness into harshness.

CDLXXX

Timidity is a failing that it is dangerous to criticize in people whom one wants to cure of it.

CDLXXXI

Nothing is rarer than genuine goodness; those who believe themselves to be good are ordinarily nothing but accomodating or weak.

CDLXXXII

The mind attaches itself through laziness and through familiarity to that which it finds easy or agreeable; this habit always places limits on our knowledge, and no one has ever exerted himself to expand and direct his mind as far as it could go.

CDLXXXIII

One usually slanders others from vanity more than from malice.

CDLXXXIV

Quand on a le cœur encore agité par les restes d'une passion, on est plus prés d'en prendre une nouvelle que quand on est entiérement guéri.

CDLXXXV

Ceux qui ont eu de grandes passions se trouvent toute leur vie heureux, et malheureux, d'en être guéris.

CDLXXXVI

Il y a encore plus de gens sans intérêt que sans envie.

CDLXXXVII

Nos avons plus de paresse dans l'esprit que dans le corps.

CDLXXXVIII

Le calme ou l'agitation de notre humeur ne dépend pas tant de ce qui nous arrive de plus considérable dans la vie, que d'un arrangement commode ou désagréable de petites choses qui arrivent tous les jours.

CDLXXXIX

Quelque méchants que soient les hommes, ils n'oseraient paraître ennemis de la vertu, et lorsq'ils la veulent persécuter, ils feignent de croire qu'elle est fausse ou ils lui supposent des crimes.

CDXC

On passe souvent de l'amour à l'ambition, mais on ne revient guère de l'ambition à l'amour.

CDXCI

L'extrême avarice se méprend presque toujours; il n'y a point de passion qui s'éloigne plus souvent de son but, ni sur qui le présent ait tant de pouvoir au préjudice de l'avenir.

CDLXXXIV

When one's heart is still agitated by the remnants of a passion one is more likely to take up a new one than when one is entirely cured of it.

CDLXXXV

Those who have had grand passions find themselves for the rest of their lives happy, and unhappy, to be cured of them.

CDLXXXVI

Even more people lack self-interest than lack envy.

CDLXXXVII

We have more laziness in the mind than in the body.

CDLXXXVIII

The calmness or agitation of our moods do not depend so much on the most consequential things that happen in life, as on the agreeable or disagreeable occurrence of little things that happen every day.

CDLXXXIX

However wicked men may be, they do not dare to appear as enemies of virtue, and when they want to persecute it, they pretend to believe that it is false, or else they allege that it is criminal.

CDXC

One often goes from love to ambition, but one hardly ever returns from ambition to love.

CDXCI

Extreme avarice is almost always mistaken; there is no other obsession that strays more often from its purpose, nor any over which the present has so much power to undermine the future.

CDXCII

L'avarice produit souvent des effets contraires; il y a un nombre infini des gens qui sacrificient tout leur bien à des espérances douteuse et éloignée, d'autres méprisent de grands avantages à venir pour des petits intérêts présents.

CDXCIII

Il semble que les hommes ne se trouvent pas assez de défauts; ils en augmentent encore le nombre par de certaines qualités singulières don't ils affectent de se parer, et ils les cultivent avec tant de soin qu'elles deviennent à la fin des défauts naturels, qu'il ne dépend plus d'eux de corriger.

CDXCIV

Ce que fait voir que les hommes connaissent mieux leurs fautes qu'on ne pense, c'est qu'ils n'ont jamais tort quand on les entend parler de leur conduite: le même amour-propre que les aveugle d'ordinaire les éclaire alors, et leur donne des vues si justes qu'il leur fait supprimer or déguiser les moindres choses qui peuvent être condamnées.

CDXCV

Il faut que les jeunes gens qui entrent dans le monde soient honteux ou étourdis: un air capable et composé se tourne d'ordinaire en impertinence.

CDXCVI

Les querelles ne dureraient pas longtemps, si le tort n'était que d'un côté.

CDXCVII

Il ne sert de rien d'être jeune sans être belle, ni d'être belle sans être jeune.

CDXCVIII

Il y a des personnes si légères et si frivoles qu'elles sont aussie éloigneées d'avoir de véritables défauts que des qualités solides.

CDXCII

Avarice often produces the opposite result; there is an infinite number of people who sacrifice all their assets for doubtful and distant hopes, while others scorn great advantages to come for negligible gains in the present.

CDXCIII

It seems that men find that they have not enough faults; they increase the number of them still further with certain singular qualities with which they pretend to adorn themselves, and they cultivate them with so much dedication that they eventually become natural faults that they are unable to correct.

CDXCIV

What makes it apparent that men know their faults better than one might think is that they are never wrong when one hears them talking about their behavior: the same self-love that ordinarily blinds them now enlightens them, and gives them views that are so just that they make them suppress or disguise the smallest things that might be faulted.

CDXCV

It is important for young men entering the world to be bashful or clumsy; an air of competence and composure usually turns into impertinence.

CDXCVI

Quarrels would not last at all long if the fault were only on one side.

CDXCVII

It does not help at all to be a young woman if one is not beautiful, nor to be beautiful if one is not young.

CDXCVIII

Some people are such lightweights and so frivolous that they are as far from having real faults as they are from having solid qualities.

CDXCIX

On ne compte d'ordinaire le premiére galanterie des femmes que lorsqu'elles en ont une seconde.

D

Il y a des gens si remplis d'eux-mêmes que, lorsqu'ils sont amoureux, ils trouvent moyen d'être occupés de leur passion sans l'être de la personne qu'ils aiment.

DI

L'amour, tout agréable qu'il est, plaît encore plus par les maniéres don't il se montre que par lui-même.

DII

Peu d'esprit avec de la droiture ennuie moins, à la longue, que beaucoup d'esprit avec du travers.

DIII

La jalousie est le plus grand de tous les maux, et celui qui fait les moins de pitié aux personnes qui le causent.

DIV

Après avoir parleé de la fausseté de tant de vertus apparents, il est rasionnable de dire quelque chose de la fausseté du mépris de la mort. J'entends parler de ce mépris de la mort que les païens se vantent de tirer de leurs propres forces, sans l'espérance d'une meilleure vie. Il y a différence entre soffrir la mort constamment, et le mépriser. Le premier est assez ordinaire; mais je crois que l'autre n'est jamais sincère. On a écrit néanmoins tout ce qui peut le plus persuader que la mort n'est point un mal; et les hommes les plus faibles aussi bien que les héros ont donné milles exemples cèlébres pour établir cette opinion. Cependant je doute que personne de bons sens l'ait jamais cru; et la peine que l'on prend pour le persuader aux autres et à soi même fait assez voir que cette entreprise n'est pas aisée. On peut avoir divers sujets de dégoùt dans la vie, mais on n'a jamais raison de mépriser la mort; ceux mêmes qui se la donnent volontairement [CONT.]

CDXCIX

One does not usually count a woman's first affair until she has a second.

D

There are people who are so full of themselves that, when they are in love, they find a way to be fixated on their passion and not on the person they love.

DI

Altogether agreeable as it is, love pleases even more by the ways in which it manifests itself than on its own.

DII

A lack of wit with decency is less tiresome in the long run than much wit with impropriety.

DIII

Jealousy is the great of all evils, and the one which excites the least sympathy for the people who cause it.

DIV

After having spoken about the falsity of so many apparent virtues it is reasonable to say something about the falsity of the contempt for death. I wish to speak about that contempt for death that the pagans boasted of deriving from their own strength, without the hope of a better life. There is a difference between enduring death with steadfastness and having contempt for it. The first is common enough; but I believe that the other is never sincere. Nevertheless, people have written everything they could to persuade us that death is not at all an evil; and the weakest men as well as the heroes have given a thousand celebrated examples to confirm this opinion. Yet I doubt that anyone with good sense has ever believed this; and the difficulty of persuading others, and oneself, is enough to show that this is not an easy task. One may have different objects of disgust in life, but one never has reason to feel contempt for   [CONT.]

ne la comptent pas pour si peu de chose, et ils s'en étonnent et la rejetent commes les autres, lorsqu'elles vient à eux par une autre voie que celle qu'ils one choisie. L'inégalité que l'on remarque dans le courage d'un nombre infini de vaillantes hommes vient de ce que la mort se découvre différemment à leur imagination, et y paraît plus présente en un temps qu'en un autre. Ainsi il arrive qu'après avoir méprisé ce qu'ils ne connaissent pas, ils craignent enfin ce qu'ils connaissent. Il faut éviter de l'envisager avec toutes ses circonstances, si on ne veut pas croire qu'elle soit le plus grand de tous les maux. Les plus habiles et les plus braves sont ceux que prennent de plus honnêtes prétextes pour s'empêcher de la considérer. Mais tout homme qui la sait voir telle qu'elle est, trouve que c'est une chose pouvantable. Le nécessité de mourir faisait toute la constance des philosophes. Ils croyaient qu'il fallait aller de bonne grâce où l'on ne saurait s'empêcher d'aller; et, ne pouvant éterniser leur réputation, et sauver du naufrage ce qui n'en peut être garanti. Contentons-nous pour faire bonne mine de ne nous pas dire à nous-même tout ce que nous en pensons, et espérons plus de notre tempérament que de ces faibles raisonnements qui nous font croire que nous pouvons approcher de la mort avec indifférence. La gloire de mourir avec fermeté, l'espérance d'être regretté, le désir de laisser une belle réputation, l'assurance d'être affranchi des misères de la vie, et de ne dépendre plus des caprices de la fortune, sont des remèdes qu'on ne doit pas rejeter. Mais on ne doit pas croire aussi qu'ils soient infaillibles. Ils font pour nous assurer ce qu'une simple haie fait souvent à le guerre pour assurer ceux qui doivent approcher d'un lieu d'où l'on tire. Quand on est éloigné, on s'imagine qu'elle peut mettre à couvert; mais quand on en est proche, on trouve que c'est un faible secours. C'est nous flatter, de croire que la mort nous paraisse de près ce que nous en avons jugé de loin, et que nos sentiments, qui ne sont que faiblesse, soient d'une trempe assez forte pour ne point souffrir d'atteinte par la plus rude de toutes les épreuves. C'est aussi mal connaître les effets de l'amour-propre, que de penser qu'il puisse nous aider à compter pour rien ce qui le doit nécessairement détruire, et la raison, dans laquelle [CONT.]

death; and those who voluntarily sacrifice their lives do not themselves think of it as a small thing, and they are shocked and reject it like everyone else if it should should come to them in any way other than the one they chose. The inequality that one observes in the courage of an infinite number of brave men stems from death making itself known in different ways to their imagination, and appearing closer at one time than another. Thus it is that after scorning that which they do not know, they eventually fear what they do know. One must avoid imagining it in all its aspects if one does not wish to believe that it is the greatest of all evils. The wisest and bravest are those who make honest pretexts to save themselves from considering it. But any man who knows how to see it for what it is finds that it is an appalling thing. The necessity of dying accounts for all the steadfastness of the philosophers. They believed that one must go graciously where one may not refuse to go; and that they could not make their reputations endure for ever and save from the shipwreck that for which there can be no guarantee. Let us content ourselves, and put on a good face, by not telling ourselves everything we think, and let us hope for more from our temperament than those weak rationalizations that would have us believe we can approach death with indifference. The glory of dying with courage, the hope to be regretted, the desire to leave behind a fine reputation, the security of being liberated from the miseries of life, and no longer be subject to the whims of Fate, are remedies that one should not reject. But one must also not believe that they are infallible. They offer us the kind of reassurance that a simple hedge offers during wartime to those who must approach a place from which people are firing on them. When one is far away one imagines it can provide cover; but when one is close by one finds that it offers little protection. We flatter ourselves if we believe that death will appear from close up what it seems to be from a distance, and that our sentiments, feeble as they are, are so strongly tempered that they will not suffer when attacked by the most brutal of all tests. It is also not to misunderstand the effects of self-love to think that it can help us to dismiss as nothing that which [CONT.]

on croit trouver tant de ressources, est trop faible en cette rencontre pour nous persuader ce que nous voulons. C'est elle au contraire qui nous trahit le plus souvent, et qui, au lieu de nous inspirer le mépris de la mort, sert à nous découvrir ce qu'elle a d'affreux et de terrible. Tout ce qu'elle peut faire pour nous est de nous consiller d'en détourner les yeux pour les arréter sur autre objets. Caton et Brutus en choisirent d'illustres. Un laquais se contenta il y a quelqye temps de danser ser l'échafaud où il allait être roué. Ainsi, bien que les motifs soient différents, ils produissent les mêmes effets. De sorte qu'il est vrai que, quelque disproportion qu'il y ait entre les grands hommes et les gens du commun, on a vu mille fois les uns et les autres recevoir la mort d'un méme visage; mais ç'a toujours été avec cette différence que, dans le mépris que les grands hommes font paraître pour la mort, c'est l'amour de la gloire qui leur en ôte la vue, et dans les gens du commun, ce n'est qu'un effet de leur peu de lumière que les empêche de connaître la grandeur de leur mal et leur laisse le liberté de penser à autre chose.

FIN

DIV, cont.

must inevitably destroy it; and reason, in which one expects to find so many resources, is too weak in this encounter to persuade us of what we want. On the contrary, it is reason that most often betrays us, and which, instead of inspiring us to despise death, helps us to discover how appalling and terrible it is. All reason can do for us is to recommend that we avert our eyes in order to have them rest on other things. Cato and Brutus chose some illustrious ones. A lackey was content some time ago to dance on the scaffold where he was to be wracked on the wheel. Thus, while the motives differ, they produce the same result. It is true therefore that whatever may be the differences between great men and ordinary folk, one has seen a thousand times how each receives death with the same face; but always with this difference that in the disdain that great men show for death it is the love of glory that shields their view from it, while in the common folk it is their limited understanding that prevents them from knowing the extent of their ill-fortune and sets them free to think of other things.

END

NOTES

NOTES